横須賀市の佐島漁港で水揚げされたばかりの魚介類を行商で届け、常連客との会話が弾む福本育代さん（右端）と夫の忠さん（左端）＝逗子市桜山の住宅地

佐島漁港での水揚げ。新鮮な海の幸は、築地や横浜、川崎、時には名古屋の市場にも出荷されている

もくじ

トビウオのなめろう	4
エボダイの酢の物	5
カマスのみりん漬け焼き	6
サザエの蒸し焼き	7
アオリイカの漬け丼とだんご	8
アジのハンバーグ	9
アオリイカのすまし汁とイカチリ	10
タコめし	11
エボダイのみそ詰め焼きと空揚げ	12
タチウオのホイル焼きとゴーヤ詰め揚げ	13
イカめし	14
イカギョーザ	15
伊勢エビの刺し身	16
アワビの刺し身とバター焼き	17
アジのなめろう	18
カツオの丼とニンニク入り刺し身	19
キハダマグロのカルパッチョ	20
サバの照り焼きとムニエル	21
アジの空揚げと骨せんべい	22
アジのマリネ	23
タチウオの空揚げとあんかけ	24
しめサバ	25
イカの酢みそあえ	26
カワハギの刺し身	27
サワラの刺し身と酢締め	28
タイの刺し身と茶漬け	29
ヒラメの刺し身	30
ヒラメの漬け丼	31
ムツッコのフライとたたき	32
ホウボウのトマト煮と刺し身	33
スルメイカのたたきの肝あえ	34
乾燥ワカメの素揚げ	35
スズキのカルパッチョとムニエル	36
カワハギの空揚げ	37
カタクチイワシの干物	38
メカブ料理あれこれ	39
アカモク料理あれこれ	40
メバルの煮付けと蒸し物	41
サヨリの刺し身、から揚げ、酢漬け	42
ムシガレイの塩焼きとから揚げ	43
釜揚げヒジキのあえ物、サラダ、生春巻き	44
カタクチイワシのアンチョビー風	45
五月イカの丸ごと天ぷら	46
アンコウのから揚げと酢みそあえ	47
ヒメコダイのフルーツサラダ	48
トラギスの焼き物と甘露煮	49
アジのたたき丼とワンタン皮包み揚げ	50
マイワシのマリネとかば焼き	51
サバのから揚げと中華風	52
コノシロのお団子揚げと酢漬け	53
地ダコと水菜のサラダ、から揚げ	54
サザエのバター炒めと炊き込み風ご飯	55
イナダのグラタン風と春巻き	56
カマスの酢漬けと巻きずし	57
カマスの空揚げとゆで物	58
ソウダガツオのご飯とレモン塩焼き	59
イシモチの酢締めとワンタンゆで	60

アカシタビラメのムニエルとトマト詰め	61
テングサでフルーツ寒天	62
イナダの酢締めと磯辺焼き	63
カンパチの丼と酢みそあえ	64
ヘダイの焼き物	65
トコブシの煮付け	66
アジのチーズコロッケ	67
サバのまぜご飯	68
カサゴの空揚げ	69
アマダイの塩焼き	70
ウスバカワハギの刺し身	71
ウスバカワハギの空揚げ	72
ソウダガツオのぬか漬け	73
タイちり鍋とうろこの素揚げ	74
タイめし	75
ナマコの酢の物	76
スズキの洋風ムニエル	77
カワハギの肝焼き	78
タチウオのピザ風	79
ヒラメのフライ	80
ナマコの炊き込みご飯	81
スズキの照り焼き	82
スズキの酢の物	83
新ワカメのあえ物	84
マグロのタン塩風	85
カマスのもち米団子	86
イトヨリの蒸し焼き	87
イナダの特製ふりかけ	88
サバの巾着揚げ	89
マダイの和風ムニエル	90
マンボウの肝あえ	91
ヤリイカの煮付け	92
スミイカのオイル炒め	93
シラス丼	94
カンパチのコロコロサラダ	95
タチウオとフキのフライ	96
イナダの3色揚げ	97
トビウオのさつま揚げ風	98
カマスの煮付け	99
イシモチの和風あんかけ丼	100
サザエのピラフ風	101
小イワシの唐揚げ	102
カツオのユッケ風	103
魚介類を食べて健康になろう!!	104
サザエのピラフ	106
スズキのムニエル	107
タコ飯	108
タチウオのホイル焼き	109
しらす丼	110
アジのチーズコロッケ	111
アジのハンバーグ	112
出版に寄せて	113
あとがき	120

本書は神奈川新聞横須賀版に2014年6月11日から2016年7月6日まで100回にわたって連載された「横須賀佐島　魚行商のおかみさんレシピ」に、関東学院大学栄養学部のコラムを加えたものです。

魚行商のおかみさんレシピ ①
横須賀佐島

トビウオのなめろう

トビウオは何といってもなめろうがオススメです。

❶三枚におろして皮をむき、たたきます。小骨が多いので、細かくたたいてください。

トビウオのなめろう。アレンジも楽しめます

❷①の中に、アサツキのみじん切りとみそを入れ、そのまま生でいただきます。

さらに、なめろうにしたトビウオは、いろいろなアレンジができます。

❸②に、かたくり粉と卵を入れてばら

けないようにし、一口大のだんごにします。

❹③を、塩を少し入れたすまし汁に入れていただきます。または、フライパンに油をひいてハンバーグのように焼き、おろししょうがとしょうゆでいただくのもおいしいです。

トビウオは春から夏にかけ、相模湾で水揚げされます。旬のトビウオをお楽しみください。

＜レシピ ＝福本　育代＞
＜イラスト＝福本　倖子＞

2014.6.11

魚行商のおかみさんレシピ ② 横須賀佐島

エボダイは、焼く、煮る、みそ漬けにするなどして、おいしく召し上がれます。そのほか、酢で締めて食べる方法もありますので、作り方を紹介します。

❶三枚におろし、1枚につき小さじ1杯分の塩を両面に振り、30分ほど寝かせておきます。

エボダイの酢の物。上品な味をお試しください

エボダイの酢の物

❷①の塩を水で流し、クッキングペーパーで水分を拭き取り、酢の中に1時間ほど入れておきます。酢の量は、切り身を覆うくらいでいいでしょう。

❸②からエボダイを取り出し、頭の方から皮をむき、食べやすい大きさに切ります。

お好みで、キュウリとあえてもおいしいです。魚の酢の物といえばアジがおな

じみですが、エボダイの酢の物はアジよりも上品な味です。

エボダイは春から秋にかけ、佐島などで水揚げされます。旬のうちにあらためて、エボダイの塩焼きについても紹介しようと思っています。

＜レシピ ＝福本　育代＞
＜イラスト＝福本　倖子＞

2014.6.18

魚行商のおかみさんレシピ ③ 横須賀佐島

カマスのみりん漬け焼き

塩焼きでも煮てもフライでもおいしいカマス。新鮮なものなら酢で締めるのもオススメですが、まずは生が苦手な方やお子さまなどにも好評なカマスのみりん漬け焼きを紹介します。

タレはみりんやしょうゆなどで作りますが、今回は最も簡単な方法として、市販のめんつゆを使います。

❶三枚におろし、めんつゆに2〜3時間漬け込みます。

❷めんつゆから取り出し、キッチンペーパーなどで軽く拭きとります。

❸②を魚焼き用のグリルで4〜5分焼きます。焼き上がったら、アサツキのみじん切りをパラパラと散らして出来上がりです。

次は、酢での締め方です。

❶三枚におろし、1枚につき小さじ1杯分の塩を両面に振り、30分〜1時間くらい置きます。

❷①の塩を軽く拭きとり、酢に1時間ほど漬けます。酢の量は、切り身を覆うぐらいです。

❸②からカマスを取り出し、頭の方から皮をむき、食べやすい大きさに切ります。

カマスは今が旬で脂が乗っています。おいしく召し上がれますよ。

＜レシピ ＝福本　育代＞
＜イラスト＝福本　倖子＞

カマスのみりん漬け焼き。生が苦手な方やお子さまにも好評です

2014.6.27

魚行商のおかみさんレシピ ④ 横須賀佐島

サザエというと網焼きのイメージが一般的で、ご家庭では敬遠されがちです。そこで、台所でも調理しやすい方法を二つ紹介します。

❶サザエを流水でサッと洗い、底から2㌢ほど水を入れたフライパンに入れます。サザエはふたを上にして置き、ふたの上に酒か水を少し垂らします。

❷フライパンにふたをして加熱します。加熱時間の目安は、120㌘程度のサザエの場合で10分ほどです。

❸サザエのふたの上にしょうゆを少量かけ、再度フライパンにふたをし、さらに2分加熱して出来上がりです。しょうゆの代わりに、おろしニンニクとバターを載せても違った味わいが楽しめます。

次は、短期間ですが、保存が可能になる方法です。

❶たっぷりの水とひとつまみの塩を入れた鍋に、流水で洗ったサザエを入れ加熱します。沸騰後10分ゆで、冷まします。

❷①の殻から身を取り出し肝や苦い部分を取り除き、市販のめんつゆや、みそにみりんや酒などを加えたたれに漬け込みます。切って漬け込むと味が染み込みやすくなりますが、日持ちさせたい場合は切らずに漬け込めば冷蔵庫で約1週間保存できます。いずれも半生ではなくしっかりと加熱し、召し上がってください。

＜レシピ ＝福本 育代＞

サザエの蒸し焼き

蒸し焼きにした後、殻から取り出したサザエ（左）。肝や苦い部分を取り除くと、右のようになります

フライパンを使ったサザエの蒸し焼き。網焼きと違い、一般のご家庭でも調理しやすくなります

2014.7.2

魚行商のおかみさんレシピ ⑤ 横須賀佐島

アオリイカの漬け丼とだんご

お刺し身がとてもおいしいアオリイカ。まずは、お刺し身と漬け丼の作り方を紹介します。

❶イカを縦に二つに切り、足を取り、墨やはらわたを取り除きます。

❷耳を取りながら、耳の方から胴体の方へと皮をむきます。きれいにむけたら、胴体を千切りにします。これで、お刺し身の出来上がりです。

❸市販のめんつゆをベースにしたお好みのたれを作り、②を入れて1時間ほど漬け込みます。

❹刻みのりをかけたご飯に③を載せ、白いりごまや、みじん切りにしたアサツキを散らし、③で使ったたれを大さじ1杯分、回すようにしてかけます。アオリイカの漬け丼の完成です。

取り除いだ耳や足もいろいろな料理に使え、捨てる部分はほとんどありません。次は、だんごの作り方を紹介します。

❶耳と足をフードプロセッサーで細かくしてボウルに移し、卵とかたくり粉を入れ、こねるように混ぜ合わせます。分量の目安は、イカのミンチ500㌘に対し卵一つとかたくり粉大さじ5杯です。

❷①を一口大にスプーンですくい取り、160度に熱した食用油に入れます。一度沈み、浮き上がってきてから4〜5分揚げて完成です。お好みで、しょうゆなどをつけ召し上がってください。

＜レシピ　＝福本　育代＞

アオリイカのだんご。耳や足をミンチにして作ります

お刺し身から一手間で、アオリイカの漬け丼です

2014.7.9

魚行商のおかみさんレシピ ⑥ 横須賀佐島

アジのハンバーグ

今回は一風変わったアジのハンバーグを紹介します。

❶三枚におろして皮をむいてたたき、フードプロセッサーで細かくします。

❷①をボウルに移し、アジ300㌘に対してタマネギのみじん切り10㌘、卵2分の1、かたくり粉大さじ2杯を入れてよく混ぜ合わせ、一口大に整えます。

❸②をフライパンに載せ、火が通るようにしっかりと焼きます。焼き上がる少し前にチーズやバターをお好みで載せ、余熱で溶かします。

続けて、季節の野菜の上に載せる例を紹介します。

❹ズッキーニや小ぶりのタマネギを厚さ5㍉の輪切りにして塩を少し振り、ラップして電子レンジ(500㍗)で3分加熱します。生シイタケならひだを上にして同じ要領で5分加熱します。小ぶりのトマトを5㍉の輪切りにします。

❺④の上に③を載せ、お好みでケチャップ、マヨネーズ、ドレッシング、大根おろしとポン酢などで味つけしますと、洋風にも和風にも変化が楽しめます。

野菜の代わりにパイナップルやキウイ、バナナなどに載せればオードブルのようにも使えます。魚が苦手な方や、骨が気になるお子さまからご高齢の方まで安心して召し上がっていただけます。

<レシピ ＝福本　育代>
<イラスト＝福本　倖子>

アジのハンバーグ。野菜や果物とのアレンジも楽しめます

2014.7.16

魚行商のおかみさんレシピ ⑦ 横須賀佐島

アオリイカのすまし汁とイカチリ

前々回に紹介したアオリイカの続きです。まずは、だんごのすまし汁を作ります。

❶胴体から取り除いた耳と足をフードプロセッサーで細かくし、ボウルに移し、卵とかたくり粉を入れ、こねるように混ぜ合わせます。分量の目安は、イカのミンチ500㌘に対し卵一つとかたくり粉大さじ5杯です。

❷①を一口大にスプーンですくい取り、鍋に沸かした湯の中に入れます。再沸騰したら、お好みでしょうゆや塩を入れ味を調えます。5分ほどして火を消したら、すまし汁の完成です。

次は、イカチリの作り方です。

❶耳と足を5㍉幅の短冊切りにします。

❷ニンニクとタマネギのみじん切りをフライパンで炒めた上で、①を入れ一緒に炒めます。

❸イカの色が変わったら、缶詰のトマト（丸ごと水煮）を入れ、ケチャップ、ソース、タバスコを入れ味を調えます。

❹火からおろす直前にアサツキやグリーンピースを入れると、見た目にも鮮やかなアオリイカのチリソース風の完成です。ご飯にもよく合いますし、パスタにかけてもおいしいですよ。

分量の目安は、イカ500㌘に対しニンニク2かけら、タマネギ400㌘、トマト1缶、ケチャップ大さじ4杯、ソース大さじ2杯、タバスコお好みで少々です。

＜レシピ　＝福本　育代＞

アオリイカのだんごのすまし汁。さっぱりとした味わいです

エビチリならぬイカチリ。ご飯にもパスタにも合いますよ

魚行商のおかみさんレシピ ⑧ 横須賀佐島

タコめし

今日はタコめしです。

①タコの頭の中の物を取り除き、足や頭の部分の「ぬめり」を取ります。一般的には塩を使いますが、ミョウバンを使ってこすると思いのほか早く取れます。

②ぬめりが取れたらよく洗い流して足を3㍉ぐらいにぶつぶつと切って、頭も四つ切りにしてから細く切ります。

③米をとぎ、ザルにあけて30分ほど置きます。水を切り、釜に入れます。水加減は米4カップに水3カップ程度。通常の水加減より1カップ少なくします。

④塩加減は、市販のこんぶ茶を使うとだしが出ておいしくできます。こんぶ茶だけで塩気が足りない場合は、塩を入れ少しかき混ぜてから❷のタコを入れ、軽く混ぜ合わせます。

⑤通常のご飯を炊くときと同じように炊き、仕上げにしょうがを散らし、出来上がりです。

味とともに、色合いも楽しめます

タコめしで気をつけていただきたいポイントは二つあります。一つ目は水加減。必ず少なくしてください。二つ目は味付けにしょうゆは絶対に使わないことです。しょうゆを使うとタコめしがきれいなピンク色にならないからです。

材料は、生タコ500㌘に対し、米4合、こぶ茶小さじ3杯、水3カップ、しょうが（細かい千切り）少々です。

＜レシピ＝福本　育代＞
＜イラスト＝福本　倖子＞

魚行商のおかみさんレシピ ⑨ 横須賀佐島

エボダイのみそ詰め焼きと空揚げ

今日は焼き魚でも一風変わったおいしい食べ方、エボダイのみそ詰め焼きを紹介します。

①エボダイのえらとはらわたを取り、腹の中をクッキングペーパーで拭きます。

②いずれも小さじ２杯程度のみそとアサツキを混ぜ合わせます。

③❶の腹の中に❷を入れて焼きます。

塩焼きにみそ詰め焼きと、焼き物でもいろいろな味が楽しめます

エボダイの身と❷のみそを一緒に食べると、大変おいしくいただけます。ぜひ、一度お試しください。

次は、エボダイの空揚げです。

①はらわたとえらを取り、さっと水洗いします。

②水気を拭き取り、塩とこしょうを少々振り、かたくり粉をまぶし、軽くはたき落とします。

③熱した油で❷を揚げます。

揚がった状態の味付けは塩気が少々ですので、レモンやポン酢でどうぞ。あるいは、トウバンジャンとしょうゆを混ぜ合わせたもので召し上がっても、一味違った味をお楽しみいただけます。

＜レシピ＝福本　育代＞
＜イラスト＝福本　倖子＞

2014.8.6

魚行商のおかみさんレシピ ⑩ 横須賀佐島

タチウオのホイル焼きとゴーヤ詰め揚げ

今日は簡単で後片付けも楽なホイル焼きの作り方を紹介します。

①タチウオは長くて薄いので、三枚におろすことが難しいと思われ、敬遠されがちです。しかし、頭を切り落としてはらわたを出し、ぶつぶつと3～4等分に切り分けてから三枚におろすと、長いままよりも簡単におろせます。

②❶の切り身の倍の長さに切ったアルミホイルを用意し、中心に❶を2枚重ねて置きます。その上に薄切りにしたニンジン、一口大に切ったインゲンかキヌサヤ、キノコなどを置き、最後にバターをたっぷり載せてホイルでくるみます。

③フライパンに❷を並べてから水を2㌢ほど入れ、ふたをします。8～10分蒸して出来上がりです。

ホイルのまま皿に載せて開き、お好みでレモンを少し搾って頂きます。この方法だと皿もフライパンも汚れず、後片付けも楽です。ぜひお試しください。

次に、三枚におろしたタチウオの切り身が残ったときの一品を紹介します。

①包丁で切り身を細かくたたき、かたくり粉をほんの少し混ぜます。

②ゴーヤを5㍉の輪切りにし種を取って❶を詰め、かたくり粉をまぶします。

③まぶしたかたくり粉を軽くはたき落とし、油で揚げます。

揚げることでゴーヤの苦味が気にならなくなります。味はお好みですが、タルタルソースでもおいしく頂けます。

<レシピ　＝福本　育代>
<イラスト＝福本　桃子>

美味で後片付けも楽なホイル焼き（左）と、旬の魚と野菜がマッチしたゴーヤ詰め揚げ（右）

魚行商のおかみさんレシピ ⑪ 横須賀佐島

イカめし

今日は夏によく合い、見た目もかわいいイカめしを紹介します。

①体長10㌢ほどのアカイカを用意し、足と内臓を取り除いて水洗いします。

②❶の皮を耳の方から胴体の方へとむきます。皮がむけたら、ペーパータオルで水気を拭き取ります。

③鍋に水と少量の塩を入れ、沸騰してから❷を入れ、2分ほどゆでます。

④イカの中に詰めるご飯を2種類作ります。まずは、ユズの皮を細かくみじん切りにし、酢飯と混ぜ合わせます。

⑤次に、大葉を細かくみじん切りにし、酢飯と混ぜ合わせます。

⑥❹と❺をそれぞれ❸の中に、少し多めにティースプーンで入れます。

⑦❻を二つに切ったら出来上がりです。暑いこの時期によく合い、さっぱりと頂けますよ。

ゆでたイカは、他にもいろいろな楽しみ方があります。

ゆで上がった❸の状態のものを2㌢ほどに切り、マヨネーズかショウガじょうゆ、またはトウバンジャンであえてもおいしいです。

ワケギとのぬた、またはキュウリとの酢の物でもおいしく召し上がれます。季節に応じてお楽しみください。

<レシピ　＝福本　育代>
<イラスト＝福本　桃子>

夏によく合うイカめし

2014.8.20

魚行商のおかみさんレシピ ⑫ 横須賀佐島

イカギョーザ

前回に続いて今日もアカイカの料理です。とってもおいしく、変わった一品、イカギョーザを作ります。

①体長10㌢くらいのアカイカを用意して、足と内臓を取り除いて水洗いをします。

②❶の耳の方から胴体の方へと、皮をむきます。皮がむけたら、ペーパータオルで水気を拭き取ります。

③ギョーザのあんを用意します。ニラとキャベツをみじん切りにし、豚ひき肉、ごま油と混ぜ合わせます。具の量は、イカの本数に応じてご用意ください。

④❷のイカに❸のあんを詰めます。あんがはみ出ないように、イカの口をつまようじで留めます。ようじで留めやすいように、あんは少なめに詰めます。

⑤❹を電子レンジを使って焼きます。レンジは200㍗にします。イカの大きさにもよりますが、8～10分の加熱でできあがりです。加熱する際に破裂を防ぐため、イカ1本に対して2カ所、ようじで穴を開けてください。

通常のギョーザと同じように、酢、しょうゆ、ラー油を混ぜ合わせたたれで頂きます。

<レシピ　＝福本　育代＞
<イラスト＝福本　桃子＞

一風変わったおいしい一品　イカギョーザ

2014.8.27

魚行商のおかみさんレシピ ⑬ 横須賀佐島

伊勢エビの刺し身

伊勢エビというと処理の仕方が分からないからと敬遠される方がいらっしゃいますが、こつが分かれば簡単です。まずは、身のはがし方を紹介します。

①伊勢エビをあおむけにしてまな板に置き、頭部と腹部の境目に包丁を入れ、半分ぐらいまで切れ目を入れます。

②❶のエビをうつぶせにし、頭部を左手、腹部を右手で持ってひねり、頭部と腹部を離します。殻が気になる方は、軍手を使ってください。

③腹部の両端を少しはさみで切り落とし、身の部分を上に向けます。

④尾の方からスプーンの柄を入れ、殻から身をはがします。

⑤氷水と熱湯を用意しボウルに入れます。氷水には1匹あたり小さじ1杯の塩を入れます。

⑥❹の身を❺の熱湯にくぐらせてから、氷水にサッと入れて冷やします。

⑦氷水から取り出した身の水気をペーパータオルで拭き取り、刺し身のように切って頂きます。

湯にくぐらせずに召し上がる場合は❺の氷水だけ用意し、身をサッとくぐらせてください。塩を入れることで、伊勢エビの甘みが引き立ちます。残った頭や殻は全部捨てずに、みそ汁に入れてお楽しみください。

<レシピ ＝福本　育代>
<イラスト＝福本　倖子>

手前は湯と氷水、奥は氷水だけにくぐらせた伊勢エビの刺し身

2014.9.3

魚行商のおかみさんレシピ ⑭ 横須賀佐島

アワビの刺し身とバター焼き

アワビは夏バテに良いそうです。まずは、お刺し身を作りましょう。

①真水を使い、アワビを優しく手で洗います。
②❶のアワビの身を殻からはがし、端にある黒い部分を取り除きます。その部分には、砂が入っているからです。
③❷の身をできるだけ薄く切り、形良く殻に載せます。
④お皿に❸をそっと入れ、氷水を身の高さまで入れます。
⑤キュウリやトマトなどの夏野菜を彩り良く盛りつけ、出来上がりです。しょうゆもいいですが、こんぶ茶の粉末につけて頂くと、とってもおいしいです。

次はバター焼き。殻ごと料理します。
①アワビを真水で洗います。
②フライパンにバターを多めに入れます。溶けたところにニンニクのスライスを入れると風味が違います。お好みで入れてください。
③❶のアワビを、殻をかぶせるようにしてフライパンに載せ、ふたをします。
④200㌘ほどのアワビでしたら中火で7分くらい火を通し、ふたを取り、水か酒またはワインを少し入れます。
⑤ギョーザを作るときのように、ふたをして少し蒸します。
⑥アワビをフライパンから取り出し、殻と身の間に包丁を入れ身を取ります。食べやすい大きさに切り、殻の上に載せてください。レモンと塩でも、おいしくさっぱり頂けます。

＜レシピ＝福本　育代＞

左 アワビの刺し身。こんぶ茶の粉末につけると、意外な美味　右 アワビのバター焼き。フライパンで簡単に作れます

2014.9.10

魚行商のおかみさんレシピ ⑮ 横須賀佐島

アジのなめろう

刺し身、塩焼き、フライ、さらには煮ても意外においしい〝万能選手〟のアジ。今回は、なめろうの作り方と応用方法を紹介します。

①三枚におろし、腹の骨を毛抜きで取ります。続けて、頭の方から皮をむきます。
②❶を包丁でトントンと細かくたたき、お好みの大きさにします。
③みじん切りにしたアサツキ、ショウガとみそを、❷と混ぜ合わせます。これで出来上がりです。

とてもおいしいアジのなめろうは、いろいろな方法で活用されています。

なめろうに氷水を入れ、汁にします。「水なます」と呼ばれる料理で、漁師さんは夏場に船の上で召し上がっています。その汁を温かいご飯にかけ、お茶漬け風にしても大変おいしく召し上がれます。刻みのりやゴマをかけると、さらにおいしくなります。

めっきり涼しくなってきましたが、夏場や残暑で食欲のない時には、とても食べやすい方法です。ぜひ一度、お試しください。

＜レシピ　＝福本　育代＞
＜イラスト＝福本　倖子＞

アジのなめろう。いろいろな応用方法があります

2014.9.17

魚行商のおかみさんレシピ ⑯ 横須賀佐島

カツオの丼とニンニク入り刺し身

佐島では夏場に水揚げされるカツオ。まずは丼を作りましょう。

①しょうゆ、酒、みりんを合わせ、刺し身にしたカツオに下味をつけます。
②薄めの酢飯を作ります。
③❷の上に白ごま、海苔の細切り、薄切りにしたオクラを載せます。
④❸に❶を載せ、アサツキのみじん切りを散らし、ショウガの千切りを載せ、漬けだれを少しかけて出来上がりです。

左 彩りも鮮やかなカツオの丼。お茶漬けもお試しください 右 刺し身も最高ですが、焼いてもフライにしても楽しめます

ここでもう一つ。酢飯でなく温かいご飯で❹の状態に仕立て、こぶ茶を小さじ1杯入れ、熱いお湯を注いでお茶漬けにします。カツオから良いだしが出て、大変おいしく召し上がれます。

次は、ニンニク入りの刺し身です。
①薄切りにしたニンニク（またはショウガ）を用意します。

②カツオを少し厚めに切り、切れ込みを入れて❶を挟んで出来上がりです。

このニンニク入り刺し身は焼いてもフライでも楽しめます。焼く場合はフライパンに油を少し多めに引きます。焼き上がる少し前に、しょうゆ、酒、砂糖を入れ、照り焼きのようにします。フライの場合は、しょうゆ、酒、みりんを合わせたたれに2時間漬け込んでから揚げます。どちらもおいしく頂けますよ。

＜レシピ　＝福本　育代＞
＜イラスト＝福本　倖子＞

魚行商のおかみさんレシピ ⑰ 横須賀佐島

キハダマグロのカルパッチョ

佐島ではカツオ一本釣りの漁師さんが主に釣り上げているキハダマグロ。小ぶりのものはキメジと呼ばれています。今日は、カルパッチョを作りましょう。

①キハダマグロを三枚におろして皮をむき、さくにします。その上で、1㌢ぐらいの角切りにします。

②しょうゆ、酒、みりんで薄味のたれを作り、❶を入れ、30分から1時間ほど漬けます。

③皮をむいたアボカドとトマトを1㌢ぐらいの角切りにします。

④タマネギ、ニンニクをみじん切りにします。

⑤❸と❹をボウルに入れ、塩小さじ2分の1、コショウ少々、オイル大さじ1、ワインビネガー少々を入れ、混ぜ合わせます。その上で❷を入れ、混ぜ合わせれば出来上がりです。

材料の目安は、キハダマグロ500㌘に対し、アボカド1個、トマト1個、タマネギ2分の1個、ニンニク2片です。

パンに挟んでサンドイッチのようにしたり、スパゲティの麺に載せ絡めて食べたりしてもおいしく頂けます。ぜひ、お試しください。

キハダもキメジも年々水揚げが少なくなってきました。他の魚種も含めて漁獲が以前のように戻り、地魚が食卓に上ることを願っています。

＜レシピ　＝福本　育代＞
＜イラスト＝福本　倖子＞

サンドイッチのようにしたり、スパゲティの麺に絡めて食べてもおいしいキハダマグロのカルパッチョ

2014.10.1

魚行商のおかみさんレシピ ⑱
横須賀佐島

サバの照り焼きとムニエル

体にいい青魚の代表格のサバ。まずは照り焼きを作りましょう。

①三枚におろし身から骨を取り除きます。下腹の骨は包丁でそぎ、中央にある骨は骨抜き用ピンセットで抜きます。身の大きさにより二つか三つに切ります。

②しょうゆ、みりん、酒でたれを作ります。サバに脂が乗っているときはたれが染み込みにくいので少し濃いめに、脂が乗っていないときは薄めに作ります。

③❶を❷に2時間ぐらい漬け込んで取り出し、ペーパータオルで軽く拭き取り、かたくり粉をまぶします。

④フライパンに大さじ2杯の油を引き弱火でゆっくり焼きます。最後に❷のたれを大さじ3杯入れ強火にし、こんがり焼き目がついたら出来上がりです。

次は、ちょっとおしゃれなサバのムニ

エルを紹介します。

①先ほどの❶の状態にしてから、塩とこしょうを少々振ります。

②フライパンに大さじ1杯のバターを溶かして❶を載せ、ふたをして弱火で8〜10分ゆっくりと焼きます。

③フライパンから❷を取り出し、皮を上にしてオーブンに並べます。皮にマヨネーズをぬり、粉チーズをかけて焼き、きつね色になったら出来上がりです。

<レシピ ＝福本　育代>
<イラスト＝福本　倖子>

左お子さまからお年寄りまで好評な照り焼き 右マヨネーズとチーズがよく合うムニエル

2014.10.8

魚行商のおかみさんレシピ ⑲ 横須賀佐島

アジの空揚げと骨せんべい

今日は豪快に食べたいアジの空揚げと油を使わずにできる骨せんべいです。

①アジのえら、はらわたを取り除きます。大きめの場合は、最初にぜいごを取ってください。

②❶を洗った後、背びれの両側からそれぞれ腹まで包丁を入れます。

③キッチンばさみで❷の骨の頭と尾の近くを切り、魚の中を空洞にします。切り取った骨は取っておいてください。

④❸の水分をキッチンペーパーで拭き、塩とこしょうを少々振って30分置いてから、かたくり粉をまぶします。

⑤❹を180度の油で1、2分揚げてから温度を低めにし、ゆっくり揚げます。パリパリになったら取り出して数分置き、同じ方法で2度揚げします。

⑥短冊切りにしたセロリ、タマネギ、赤パプリカ、トマトを❺の中に入れ、マヨネーズやバルサミコなどをつけて召し

上がってください。レタスを巻き、がぶりと食べても楽しいですよ。

次は、骨せんべいです。

①空揚げを作る過程で取っておいた骨の水分をキッチンペーパーで取ります。

②❶に塩を少々振り、重ならないように皿に並べます。ラップをせず電子レンジで加熱し、焦げ目が少しついたら出来上がりです。ぜひお試しください。

＜レシピ　＝福本　育代＞
＜イラスト＝福本　倖子＞

左ダイナミックに食べたいアジの空揚げ 右レンジで簡単にできるカルシウムたっぷりの骨せんべい

2014.10.15

魚行商のおかみさんレシピ ⑳ 横須賀佐島

アジのマリネ

先週に続いてアジで、今回はマリネです。まずは前回紹介した空揚げの状態にします。慣れれば、カサゴ、メバル、タイなど少し大きな魚も同じ方法でできるようになります。調理の幅が広がるので、おさらいしましょう。

①えら、はらわたを取り除き、身を洗います。アジが大きめの場合は先にぜいごを取ってください。

②❶の背びれの両側からそれぞれ腹まで包丁を入れ、キッチンばさみで真ん中の骨の頭と尾の近くを切り、魚の中を空洞のようにします。

③キッチンペーパーで❷の水分を拭き、塩とこしょうを少々振って30分置いてから、かたくり粉をまぶします。いずれも、魚の中側にも施してください。

④180度の油で❸を1、2分揚げてから温度を低めにし、ゆっくり揚げます。パリパリになったら取り出して数分置き、同じ方法で2度揚げします。

⑤赤パプリカ、キュウリやトマトなどを薄く切り、❹の中に入れます。

⑥酢を火にかけ酸味を少し飛ばし、お好みでみりん、昆布を入れ、❺を1時間漬け込んだら出来上がりです。酢はアジ全体が漬かるぐらい入れてください。

❷で切り取った骨は、電子レンジで骨せんべいにして召し上がってください。

　　　＜レシピ＝福本　育代＞
　　　＜イラスト＝福本　倖子＞

野菜も一緒にとれるのでオススメのアジのマリネ

2014.10.22

魚行商のおかみさんレシピ ㉑ 横須賀佐島

タチウオの空揚げとあんかけ

今回はタチウオの空揚げを作ります。

①まずは三枚におろします。タチウオは腹の骨を取ると、他には１本も骨がないのが特色です。

②皮をつけたまま❶を１㌢角に切り、塩、こしょうを振ります。量はお好みです。

③❷の状態で10分ぐらい置き、かたくり粉をつけてから油で揚げれば出来上がりです。

ニンジンやインゲンを一緒に揚げ、添えても楽しいタチウオの空揚げ

塩とこしょうを振らずにかたくり粉だけで揚げ、小ぶりの器に塩、レモン、タチウオの空揚げを盛りつけて食べると、ちょっとおしゃれな感じで楽しめます。

また、空揚げが多かった場合は、ぜひ、あんかけを作ってみてください。

①ニンジン、タケノコ、シイタケ、インゲンかキヌサヤを、それぞれ千切りにします。

②フライパンに油を引き、❶を入れて塩を振り、さっと炒めます。

③小さじ１杯のかたくり粉に水を入れて薄めに溶き、❷にかけてかき回し、とろみをつけます。

④かたくり粉に火が通ったら、あんをタチウオの空揚げにかけ、出来上がりです。

<レシピ　＝福本　育代>
<イラスト＝福本　桃子>

2014.10.29

魚行商のおかみさんレシピ ㉒ 横須賀佐島

しめサバ

1カ月前に照り焼きとムニエルを作ったサバ。今回はしめサバ、目からウロコの調理法を紹介します。

①サバを三枚におろし、腹の骨を取ります。

②次に、想像もつかないと思いますが、❶に砂糖をつけます。砂糖の分量は、20㌘ぐらいの身に対して大さじ3杯です。身の全体、表裏双方に、すり込むようにつけ、2時間置きます。

③❷の砂糖をさっと水で洗い流し、大さじ5杯の塩をサバの身にすり込むようにつけます。

④2時間たったら、酢で塩を洗い流します。洗った酢は捨て、新しい酢に漬けます。漬け込む時間はお好みで、酢がよく染みているのが好きな方は、長く漬けておきましょう。

目からウロコ、しめサバに砂糖

砂糖をつけることで、味がとてもまろやかになります。ぜひ、お試しください。また、しめサバが残ったときは細かく切り、薄くスライスしたキュウリやゴマとあえたり、焼いたりしても美味ですよ。

＜レシピ　＝福本　育代＞
＜イラスト＝福本　倖子＞

2014.11.5

魚行商のおかみさんレシピ ㉓ 横須賀佐島

イカの酢みそあえ

まずはイカの酢みそあえです。スルメイカやアオリイカなど、その時々に揚がるイカでおいしくできますが、一番のおすすめはアカイカです。

①イカを千切りにし、さっとゆでます。

②オクラ、万能ネギ、またはニラなど、季節に応じてお好みの野菜をゆで、食べやすい大きさに切ります。

③酢みそを作ります。みそ、酢、みりん、砂糖でお好みの味に整えます。ユズがあれば、少々散らすと季節感が出ます。

④皿に❶と❷を盛りつけ、❸をあえれば出来上がりです。

続けてバター炒めを作りましょう。❶のイカをバターで軽く炒め、塩を少し振り、アサツキのみじん切りを散らしたら出来上がりです。味付けに塩でなくケチャップを使ってもおいしく召し上がれます。

イカは冷凍してもあまり味が変わりません。安いときに多めに買って下処理をしてから冷凍し、バター炒めにしたり、八宝菜やお好み焼きに入れたりしてお楽しみください。

<レシピ ＝福本　育代>
<イラスト＝福本　桃子>

季節の野菜を添えて楽しめるイカの酢みそあえ

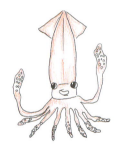

2014.11.12

魚行商のおかみさんレシピ ㉔ 横須賀佐島

カワハギの刺し身

カワハギの下ごしらえをする前に、覚えておいていただきたいことがあります。カワハギは肝の上あたりに、濃いめの黄色い液が入っている玉があります。苦玉と呼ばれる内臓です。これがあると煮ても焼いても苦くなってしまいますが、毒ではありませんし、苦玉さえ取り除けば何でもおいしく頂けます。カワハギは苦いからと敬遠される方がいらっしゃいますので、まずはそのことをお伝えします。それでは、お刺し身を作りましょう。

肝が張る冬場が旬

①三枚におろし、まな板の上に皮を下にして置きます。

②❶の尾の方から包丁を入れ、皮をむきます。このやり方だと、皮と身の間にある薄皮も一緒にむけます。手で皮をむくと薄皮が残り、刺し身で食べたときに気になるので、この方法をおすすめします。

③❷の身の真ん中にある小さな骨をピンセットで抜きます。身は薄く切り、ふ

ぐ刺しのように皿に盛ります。2㌢程度に切ったアサツキや、小さく切った肝を刺し身で巻き、しょうゆで頂いても美味ですのでお試しください。

残った頭や骨は、みそ汁に入れたり、タラの代わりに湯豆腐に入れたりしても、おいしく召し上がれます。だしがよく出るので、湯豆腐のだしのためにタラを買わずに済みますよ。

<レシピ　＝福本　育代＞
<イラスト＝福本　倖子＞

2014.11.19

魚行商のおかみさんレシピ ㉕ 横須賀佐島

サワラの刺し身と酢締め

サワラは身が柔らかいので、いろいろな食べ方を楽しめます。昔から「サワラの刺し身は皿をなめる」と言うほど、後味が何とも言えません。今回は、刺し身と酢締めを作りましょう。

①サワラを三枚におろします。皮を下にしてまな板に載せ、包丁で皮をはがします。大きいと、身の真ん中と腹に骨があるので、取り除いてからいただきます。

②❶の刺し身を少し固く引き締めたいときは、昆布でくるりと巻き、半日ほど置きます。昆布のだしが出て、とてもおいしくなります。

次に酢締めです。

①三枚におろし、皮がついたままで塩を軽めにパラパラと振ります。身から出た水分を拭き取ります。

②❶を酢に漬けます。サワラは柔らかくて染み込みやすいので、酸っぱいのが苦手な方は、酢にみりんを混ぜてもよいでしょう。漬け込む時間はお好みですが、脂が少ない身の場合は1時間ぐらい、脂が多いとなかなか染みないのでそれ以上漬けてください。

③❷の皮をむき、食べやすい大きさに切って召し上がってください。刺し身と同様、昆布で巻くとひと味違うので、こちらもお試しください。

＜レシピ＝福本　育代＞
＜イラスト＝福本　倖子＞

皿までなめると言われる絶品、サワラの刺し身

2014.11.26

魚行商のおかみさんレシピ ㉖ 横須賀佐島

お正月も近いので、マダイの料理を作ってみました。

まずは刺し身です。うろこを落として三枚におろし、皮をむき、身の真ん中にある骨を抜いて切れば出来上がりですが、皮をむかない方法を紹介します。

①うろこを落として三枚におろし、皮を上にして身を置き、ペーパータオルを載せます。

②❶の10㌢ほど上から、熱湯をサッとかけます。

③氷水に❷を入れ、素早く引き上げます。

④水気をよく拭き取り、切れば出来上がりです。皮がしゃきっとして、大変おいしく召し上がれますよ。

次に、体が温まる、おいしいタイ茶漬けを作ります。

①皮をむいた状態の刺し身を、5分ほどしょうゆに漬けます。

②温かいご飯の上に、すりゴマと刻みのりを少々、1㌢幅に切ったミツバ、小さじ1杯のこぶ茶を載せます。

③熱いお湯かお茶を❷にかけます。

④❸の上に❶を載せれば、タイ茶漬けの出来上がりです。タイは、カルパッチョ、てんぷらや、皮付きでしゃぶしゃぶでも、大変おいしくいただけます。

＜レシピ＝福本　育代＞
＜イラスト＝福本　倖子＞

タイの刺し身と茶漬け

新鮮！目力からして違うタイの刺し身

2014.12.17

魚行商のおかみさんレシピ ㉗ 横須賀佐島

ヒラメの刺し身

　新年おめでとうございます。今年の1回目はヒラメのお刺し身です。平たい魚は、身を5枚におろします。難しいので、ゆっくりやっていきましょう。

　①うろこを落とし、腹を下、背を上にして、ヒラメをまな板の上に置きます。

　②頭を落とし、背びれと尻びれに沿って切れ目を入れます。

　③頭の方から尾に向け、真ん中をまっすぐ切ります。

　④❸で切れ目を入れたところから、右と左にそれぞれ、骨に沿って包丁を入れ、左右の身をはがします。

　⑤背を下、腹を上にして、まな板の上に置き換えます。

　⑥❸と同様に、頭の方から尾に向け、真ん中をまっすぐ切ります。

　⑦❹と同様に、切れ目を入れた真ん中のところから、右と左にめくっていくように包丁を入れ、身をはがします。

　これで5枚におろせました。続けて、4枚の身の皮をむきます。

　⑧背びれと尻びれの近くにあるエンガワの部分をそれぞれ切り離します。

　⑨❽の身を上にして、尾の方から包丁を入れ、皮をむきます。真ん中の部分の骨が残っていたら切り取ってください。食べやすい大きさに身を切ったら、出来上がりです。

　　　　<レシピ　＝福本　育代>
　　　　<イラスト＝福本　倖子>

5枚におろす、ヒラメの刺し身

2015.1.7

魚行商のおかみさんレシピ 横須賀佐島 ㉘

ヒラメの漬け丼

先週に続けてヒラメ。今日は漬け丼です。まずは刺し身にします。前回紹介しましたが、簡単におさらいしましょう。

①うろこを落とし、腹を下、背を上にしてまな板の上に置き、頭を落とし、背びれと尻びれに沿って切れ目を入れます。

②頭の方から尾に向け真ん中をまっすぐ切ってから、右と左にそれぞれ、骨に沿って包丁を入れ、身をはがします。

③背を下、腹を上にして置き換え、❶と❷の要領で身をはがします。これで5枚におろせました。

④身の背びれと尻びれの近くにあるエンガワの部分をそれぞれ切り離します。

⑤❹の身を上にして、尾の方から包丁を入れ、皮をむきます。真ん中の部分の骨が残っていたら切り取り、食べやすい大きさに切ったら刺し身の出来上がりです。さあ、漬け丼を作りましょう。

⑥しょうゆにみりんをほんの少し混ぜ、たれを作ります。

⑦❺を❻に5分ほど漬けます。

⑧温かいご飯の上に、いりごま、みじん切りにした万能ネギ、刻みのりを、それぞれ少々載せます。

⑨❽の上に❼のヒラメを載せ、漬けだれを小さじ1杯かけ、ワサビを載せたら出来上がりです。5枚におろすのが難しい場合は、刺し身にしてあるヒラメをお買い求めになり、作ってみてください。

<レシピ＝福本　育代>
<イラスト＝福本　倖子>

お茶漬けにしてもおいしい、ヒラメの漬け丼

魚行商のおかみさんレシピ ㉙ 横須賀佐島

ムツッコのフライとたたき

ムツッコはたくさんは捕れませんので、どこでも見ることができる魚ではありませんが、大変人気のある魚です。いろいろな料理を紹介します。

ムツッコにはうろこがほとんどなく、洗っただけで煮たり、焼いたりできます。袋状のはらわたがありますが、煮ても焼いても袋ごと取れるので、はらわたを事前に取らないでも大丈夫です。味はくせがなくて軽いので、塩焼きを大根おろしと一緒に食べたり、おろしポン酢につけて食べたりするとおいしいです。

そして、私が一番美味だと思うのはフライです。小さい魚ですので、三枚におろして腹の骨だけを取れば平気です。片身ずつフライやから揚げにすると、フワッとして実においしいです。

さらに、三枚におろした身の皮を手でむいてたたき、細かく刻んだネギとみそ

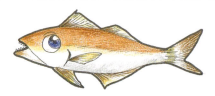

を混ぜ、召し上がってください。ねっとりとした軟らかい身で、フライとは同じ魚なのかと思われるでしょう。ぜひ、お試しください。

<レシピ ＝福本　育代＞
<イラスト＝福本　倖子＞

フワッとしておいしいムツッコのフライ

ねっとりと軟らかいムツッコのたたき

2015.1.21

魚行商のおかみさんレシピ ㉚ 横須賀佐島

ホウボウのトマト煮と刺し身

色鮮やかで面白い形のホウボウ。佐島では一年中水揚げされ、冬場の今が旬といわれています。今日は、ホウボウのトマト煮を作りましょう。

①ホウボウのうろこと頭を落とし、はらわたを取り除きます。
②ブツブツと輪切りにします。
③フライパンに油を引き、ニンニクのみじん切りを入れ、こんがりと色がつくまで炒めます。
④厚めにスライスしたタマネギを入れ、タマネギがしなやかになったら❷のホウボウを入れます。
⑤塩を大さじ1杯、こしょうを少々、さらに缶詰のトマト（丸ごと水煮）を1缶入れ、7分ほど煮ます。
⑥イカの足、ホタテ、カニなどのシーフードがあれば、一口大に切り、加えます。冷蔵庫の中にあれば活用する、というイメージです。

⑦彩りに、赤パプリカやブロッコリーなどを入れ、最後にケチャップなどでお好みの味に整えてください。ブイヤベースのようになりますよ。

ホウボウは刺し身にしても絶品です。刺し身にする場合は❶の状態から三枚におろし、真ん中の部分の骨を切り取ってください。さっぱりとして、プリッとした歯応えがあり、タイに近い味です。

＜レシピ＝福本　育代＞
＜イラスト＝福本　倖子＞

左 ブイヤベースのようなホウボウのトマト煮 右 タイに近い味の刺し身。左側は、羽のような形状で鮮やかな色合いの胸びれ

2015.1.28

魚行商のおかみさんレシピ ㉛ 横須賀佐島

スルメイカのたたきの肝あえ

スルメイカは、トメイカやヤリイカなどと比べると身が硬く感じます。若い方は普通に切って肝であえても大変おいしいのですが、歯の悪い方や年配の方には、たたきの肝あえを作っていただきたいと思います。

①新鮮なスルメイカを用意し、足と内臓を一緒に抜きます。肝をつぶさないように、丁寧に引き抜いてください。

②❶の身を包丁で切って開き、皮をむきます。

③真水で❷を洗い、ペーパータオルで水気を拭き取ります。

④❶で身から引き抜いた肝に付いている細い墨袋を、切らないように指でつまんで取ります。

⑤肝の袋を傷つけないように、付け根から足を切り落とし、真水でさっと洗います。肝をペーパータオルで拭きます。

⑥足から、目、軟骨のような硬い部分を取り、足の先端も切り落とし、水で洗ってからペーパータオルで水気を拭き取ります。足の皮はむかないで結構です。

⑦❸の身を刺し身のように細切りにし、❻の足を1本ずつにして、たたきを作るように細かくたたきます。

⑧器に❼を入れ、肝の袋を破って押し出すようにして❼と合わせます。

⑨ユズの皮を細かく切って❽に入れ、しょうゆか塩で味付けをしてください。大変おいしい肝あえの出来上がりです。

＜レシピ ＝福本　育代＞
＜イラスト＝福本　倖子＞

年配の方も食べやすい、たたきの肝あえ

2015.2.4

魚行商のおかみさんレシピ ㉜ 横須賀佐島

乾燥ワカメの素揚げ

　今が旬のワカメ。この時期の生ワカメは絶品ですが、昨年のものなど乾燥ワカメが残ってしまった場合に、おいしく食べる方法を紹介します。

　まずは、素揚げにします。油の温度を180度にし、乾燥ワカメを入れます。素揚げにした乾燥ワカメは油の切れがよくありませんので、ペーパータオルの上に置き、油切りをします。天然の塩気がありますので、まずはそのまま召し上がってください。

素揚げにした乾燥ワカメ。お酒のつまみにもなります

　次に、この素揚げは塩気が強いので、調味料のように活用してみましょう。

　素揚げが冷えたら、ビニール袋の中に入れ、小さくもみほぐします。タッパーなどに入れ、冷蔵庫に保管しておけば、1週間ぐらい日持ちしますので、いろいろな料理に使えます。

　サラダにかければ、食べたときに磯の香りが口の中に広がります。パスタにかけても、とてもおいしいです。

　一手間かければ、ふりかけにもなります。油切りの後、できるだけ細かくし、白ゴマ（いりゴマ）やかつお節などを混ぜれば、おいしいふりかけの出来上がりです。

＜レシピ＝福本　育代＞

少し強い塩気が、サラダやパスタなどに活用できます

かつお節と白ゴマを混ぜ、ふりかけに

2015.2.11

魚行商のおかみさんレシピ ㉝ 横須賀佐島

スズキのカルパッチョとムニエル

刺し身でも昆布締めにしてもおいしいスズキですが、今回はまず、洋風のカルパッチョを作ります。

①スズキを三枚におろし、皮をむきます。

②❶の腹の骨を取り、中骨を抜き、薄切りにします。

③ベビーリーフとスライスしたタマネギを少し水にさらし、水切りをしてから皿に盛ります。

④❷を❸の上に載せ、黒こしょうと塩を少々振ります。

⑤❹にオリーブオイルをかけ、レモンを少々しぼれば、おいしいカルパッチョの出来上がりです。

次に和風のムニエルを作りましょう。

①スズキを三枚におろし、腹の骨を取り、中骨を抜きます。

②皮をつけたまま❶を一口大に切り、

塩とこしょうを軽く振り、小麦粉をつけます。

③フライパンに油を引いて熱し、❷を入れ、皮がこんがりするまで焼きます。

④焼き上がる直前にポン酢を少し入れ、ギョーザを蒸すような感じでサッと一炊きして出来上がりです。さっぱりとしていて、おいしく召し上がれますよ。

＜レシピ　＝福本　育代＞
＜イラスト＝福本　桃子＞

野菜との相性も抜群、スズキのカルパッチョ

さっぱりしておいしい和風ムニエル

2015.2.18

魚行商のおかみさんレシピ ㉞ 横須賀佐島

カワハギの空揚げ

今日はカワハギの空揚げです。以前、24回目に刺し身を作ったとき、下ごしらえをする前に覚えておいていただきたいポイントを紹介しましたが、おさらいしておきましょう。

カワハギは肝の上あたりに、濃いめの黄色い液が入っている玉があります。苦玉と呼ばれる内臓です。カワハギは苦いからと敬遠される方がいらっしゃいますが、原因はこれです。

苦玉があると煮ても焼いても苦くなってしまいますが、毒ではありませんし、取り除けば何でもおいしく頂けます。それでは、空揚げを作りましょう。

①まずは、皮をむきます。カワハギの頭の上にある角を切り落とし、口先も少しだけ切り落とします。

②切り落とした口のところから、皮をむきます。ここから始めると、きれいにむけます。

③腹に包丁を入れて開き、苦玉を取ります。肝は残したままで、塩、こしょうを振り、かたくり粉をまぶし、180度ぐらいの油に入れ、空揚げにします。

背ビレ、腹ビレ、尾は切らずに残しておき、揚げてください。パリパリして実に美味なのです。

<レシピ ＝福本　育代>
<イラスト＝福本　倖子>

ヒレや尾までおいしいカワハギの空揚げ

魚行商のおかみさんレシピ ㉟ 横須賀佐島

カタクチイワシの干物

今回は簡単にできて楽しい、カタクチイワシの干物を作ります。

①まずはカタクチイワシのはらわたを取ります。親指と人さし指を使い、あごの部分を腹の方に引っ張っていくと、はらわたがきれいに取れます。取れたら、真水で身を洗います。

②次に海水より濃いめの塩水を作り、浸すように❶を漬けます。濃いめの塩水が良い理由は、できるだけ早くして、鮮度を落とさないようにするためです。魚の目が白くなったら、塩水が染みたサインですので、すぐに塩水から引き揚げてください。

③真水で❷をさっと洗います。水気をペーパータオルでよく拭き取り、冷蔵庫で半日ほど、ラップをせずに乾かします。

これで干物の出来上がりです。さあ、いろいろとアレンジしてみましょう。

❸のカタクチイワシに、乾燥したままのお茶の葉を載せて焼きます。そのまま食べると、すばらしい茶葉の風味を味わえます。同様に、ゴマをかけて焼いたり、七味唐辛子を振りかけてもなかなかです。焼くときは少し弱火にし、ゆっくりと焼いてください。

＜レシピ ＝福本 育代＞
＜イラスト＝福本 桃子＞

簡単にでき、茶葉、ゴマ、七味唐辛子などでのアレンジも楽しめます

2015.3.4

魚行商のおかみさんレシピ ㊱
横須賀佐島

メカブ料理あれこれ

今日はメカブです。この時期ならではの食材ですので、いろいろな料理を作りましょう。メカブは茎が硬いので取り除きます。薪（まき）を割るイメージでメカブを立てて包丁を下ろし、ひらひらとした軟らかい部分を茎から切り離します。まずはたたきを作ります。

①たっぷりめのお湯にメカブを入れ、1～2分で引き揚げてざるに入れます。

②❶を水で洗い、熱を取ります。ぬめりが消えてしまうので、水洗いはサッとにしてください。

③包丁で❷を細かくたたき、刻んだネギを入れて納豆のようにしていただきます。たたかずに一口大に切り、三杯酢でユズを添えて食べたり、油で炒めてきんぴらゴボウのように味付けをしてもおいしくいただけます。

次は、炊き込みご飯です。

①茎を取り除いた状態のメカブを水で洗い、ザクザクと5ミリ大に切ります。

②炊飯器にお米を入れます。水加減は少なめで、米が4合だったら3.5合分ぐらいの水を入れます。

③❷に小さじ1杯のこぶ茶と塩を入れ、❶のメカブを入れて炊き上げます。しょうゆは、出来上がりの色が悪くなるので使いません。炊き上がったご飯はメカブのうまみや成分が入り、また、ぬめりもなく、驚きです。

最後にもう一つ。取り除いた茎を20分ゆで半日ぐらい水にさらすと、渋みが抜けます。サラダのようにしてもいいですし、2、3ミリの輪切りにして2、3日みそに漬けたり、ガスレンジで焦げ目が付くぐらい焼き、かじっても美味ですよ。

＜レシピ＝福本　育代＞

左 ユズを添えたメカブの酢の物　右 納豆のようにして食べるメカブのたたき

魚行商のおかみさんレシピ ㊲
横須賀佐島

アカモク料理あれこれ

海の「有機野菜」、アカモク。先週のメカブ同様、この時期ならではの食材ですので、いろいろな料理を作りましょう。

今回使うのは、葉のような部分です。枝のような軸の先端を持ってしごき、その部分を取ります。まずは、生のままで使う料理を紹介します。

1品目は炊き込みご飯。といだ米の中に、よく洗ったアカモクを細かく切って入れます。味付けは、お好みのだしと塩、しょうゆ。しょうゆは、ご飯に色がつかない程度にしてください。水加減は、白米を炊くときの量で炊きます。

2品目はみそ汁。葉のような部分をよく洗い、包丁で細かく切ります。これを、火から下ろす前のみそ汁に入れます。ナメコのような、ぬめりが出ます。

次は、ゆでてからの料理です。

ポイントは、温度を高すぎないようにすることと、ゆで時間を1分程度にすることです。

お湯から上げたアカモクを水にさらしてから包丁で切ります。細かく切ってもいいですし、少し粗めに切って歯応えを楽しんでも結構です。これに、三杯酢、マヨネーズ、ドレッシングなどをつけて食べます。うどんやそばなどの麺類に入れても、のどごし良くいただけます。

ゆでて密封すれば、冷蔵庫でも1週間ほどなら大丈夫です。冷凍すれば数カ月保存できます。夏場にそうめんの薬味として使ってもおいしいですよ。

＜レシピ＝福本　育代＞

左アカモクの炊き込みご飯右お湯から上げた状態のアカモク。三杯酢、マヨネーズ、ドレッシングなどでどうぞ

2015.3.18

魚行商のおかみさんレシピ ㊳ 横須賀佐島

メバルの煮付けと蒸し物

春を告げる魚と言われるように、今が旬のメバル。まずは、煮付けを作りましょう。

①メバルを煮る1時間ほど前に、少しの水と10㌢幅に切った昆布を鍋に入れ、だしを取ります。

②メバルのうろこを落とし、えら、はらわたを取り除き、水洗いをします。生臭さやぬめりを取るには、水洗い後に熱湯にくぐらせた上で、氷水にサッとくぐらせます。

③昆布でだしを取った鍋に、しょうゆ、砂糖、みりんなど入れ、少し沸かします。

④❸に❷のメバルを入れて煮て、沸騰してから10分ほどたったら出来上がりです。

次は、蒸し物です。

①煮付けの時と同様に、うろこを落とし、えら、はらわたを取り除きます。

②❶に酒を少しかけ、蒸します。蒸気が出てから、10分ほどしたら出来上がりです。このとき、白菜などお好みの野菜も一緒に蒸すと、より一層、おいしく頂けます。

蒸したメバルはポン酢で召し上がると、さっぱりして美味ですよ。

＜レシピ＝福本　育代＞
＜イラスト＝福本　侟子＞

メバルの煮付け。春の味覚をお楽しみください

2015.3.25

魚行商のおかみさんレシピ ㊴ 横須賀佐島

サヨリの刺し身、から揚げ、酢漬け

今回はサヨリです。前回同様に今が旬の魚ですので、いろいろな料理を作りましょう。まずは刺し身です。

①三枚におろし、腹の骨を取ります。

②塩水で❶の身をサッと洗います。割合は水180ccに対し塩は大さじ半分。真水で洗うと透明感がなくなってしまうので、塩水を使いましょう。

③ペーパータオルで❷の水気を拭き取ります。

④❸の皮をむきます。頭の方から尾に向かってむくと簡単にむけます。食べやすい大きさに切れば出来上がりです。

次はから揚げです。

①三枚におろして腹の骨を取り、塩水で身を洗います。

②ペーパータオルで❶の水気を拭き取り、皮をむかずに2㌢幅に切ります。

③塩とこしょうを振り、かたくり粉をからめ、190～200度の油で揚げます。レモンをかけ、食べましょう。

最後は酢漬けです。

①三枚におろして腹の骨を取り、塩水で洗い、塩をかけます。サヨリは身が薄いので少なめにかけ冷蔵庫に入れます。

②2時間ほどしたら冷蔵庫から出します。身から水が出ているので手早く洗い酢に漬けます。漬ける時間はお好みで。

③頭の方から尾に向かって皮をむき、食べやすい大きさに切ったらOKです。

＜レシピ ＝福本　育代＞
＜イラスト＝福本　桃子＞

サヨリの刺し身。花を添え、季節感も味わいます

サヨリのから揚げ。お酒もご飯も進みます

2015.4.1

魚行商のおかみさんレシピ ㊵ 横須賀佐島

ムシガレイの塩焼きとから揚げ

今日はムシガレイです。まずは、塩焼きを作りましょう。

①うろこを落とし、はらわたを出します。

②水洗いし、ペーパータオルで水気を拭き取り、塩を少々振ります。ムシガレイは身が薄く、脂もありませんので、塩は少なめにしてください。

ムシガレイの塩焼き。腹を下にすると、このように頭が右になってしまいます。裏返して、頭が左側になるように盛りつけてください

③❷を焼き、レモンをかけて、召し上がってください。

次はから揚げです。

①うろこを落とし、はらわたを出して水洗いし、ペーパータオルで拭きます。

②180〜200度の油でゆっくりと揚げ、2度揚げします。2度揚げすることで、背びれや尾びれなどがパリパリになり、それもおいしく頂くことができますよ。

日本では魚を皿に盛りつけるとき、頭

を左側に置く習慣がありますが、ムシガレイの頭を左に置くと、どうしても腹が上側になってしまいます。

裏側の白い方を表にし、腹が手前になるように盛りつけてください。目の位置に、南天の実を飾りとして置く盛りつけもあります。

＜レシピ ＝福本　育代＞
＜イラスト＝福本　倖子＞

2015.4.8

魚行商のおかみさんレシピ ㊶ 横須賀佐島

釜揚げヒジキのあえ物、サラダ、生春巻き

今回は釜揚げヒジキを使ったお料理です。煮たり、焼いたりせず、そのまま食べる方法を紹介します。まずは、キュウリとのあえ物です。

①釜揚げヒジキを水で洗います。洗ったヒジキはザルに入れ、よく水を切り、1㌢程度に切ります。
②キュウリを細かく、さいの目に切ります。
③❶と❷を混ぜます。薄めた麺つゆをかけてさらに混ぜ、白ごまをかけて召し上がってください。温かいご飯にかけても美味ですよ。

次は、新玉ねぎとのサラダです。

①あえ物の❶と同様にヒジキを洗って水を切り、2㌢程度に切ります。
②新玉ねぎを半分に切ってから、できるだけ薄くスライスします。
③❶と❷を混ぜ、マヨネーズを加えて頂きます。パンに挟み、サンドイッチのようにしてもおいしいですよ。

最後は生春巻きです。

①あえ物などの❶と同様にヒジキを洗って水を切り、3～4㌢に切ります。
②キュウリを細切りにし、3～4㌢に切ります。
③新玉ねぎを半分に切ってから、薄くスライスします。
④生春巻きの上にスライスハムを1枚載せ、そこに❶❷❸を載せて包みます。コチュジャンをつけて食べると、とってもヘルシーで美味ですよ。

＜レシピ＝福本　育代＞

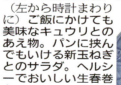

（左から時計まわりに）ご飯にかけても美味なキュウリとのあえ物。パンに挟んでもいける新玉ねぎとのサラダ。ヘルシーでおいしい生春巻き

2015.4.15

魚行商のおかみさんレシピ ㊷ 横須賀佐島

カタクチイワシのアンチョビー風

今回はカタクチイワシ。簡単にできるアンチョビー風を作ります。甘みのある新玉ネギを一緒に使う、とてもおいしい一品です。

①まずはカタクチイワシのはらわたを取ります。親指と人さし指を使い、あごの部分を腹の方に引っ張っていくと、頭とはらわたがきれいに取れます。

②❶を真水で洗い、ペーパータオルで水気を拭き取り、塩を少々振っておきます。

③少し深さのある皿に、サラダオイルを大さじ1杯分敷きます。

④スライスした新玉ネギ（2分の1個分）を❸の上に敷き詰めます。

⑤❹の上に、❷のカタクチイワシ6、7匹を並べて載せます。

⑥❺の上にスライスした新玉ネギ（2分の1個分）を敷き、さらにその上に、

カタクチイワシ6、7匹、新玉ネギ少々を載せます。交互に敷き詰めていくようなイメージです。

⑦サラダオイルを大さじ2杯、こしょう、塩を小さじ2分の1杯、それぞれ❻に振ります。

⑧❼にラップをかけ、500㌗の電子レンジで8分加熱すれば出来上がりです。ワインビネガーをかけても、大変おいしく召し上がれますよ。

<レシピ　＝福本　育代＞
<イラスト＝福本　桃子＞

新玉ネギとの相性が抜群

魚行商のおかみさんレシピ ㊸ 横須賀佐島

五月イカの丸ごと天ぷら

今日は五月イカ、スルメイカの子どもです。丸ごと天ぷらを作りましょう。胴体部分だけで、8〜9㌢の大きさのイカを使います。

①まな板の上に、イカの頭を左に、裏側を上に向けて置き、耳の付け根の部分を片方だけ切ります。

②足の方から頭に向かって胴体を指で押し上げ、❶の切り口から胃袋を取ります。プラスチックに似た透明な軟骨も同じ切り口から取り出します。肝は取り出さず、そのままにしておいてください。

③足の真ん中にある口を取ります。トンビと呼ばれ、鳥のくちばしに似ています。目の位置をつまむようにして押すと、足の方から口が取れます。

④❸をさっと水洗いし、ペーパータオルで拭き取り、口を取ったところに小麦粉を少々かけます。

⑤水を少し控え、硬めにした天ぷら粉を作り、❹のイカをくぐらせます。

⑥190度の油で❺を揚げます。足の先がパチパチと音を立ててきたら油から引きあげてください。塩とレモンをかけると、さっぱりして美味ですよ。

❸の状態まで済んでいる五月イカを少量の水、しょうゆ、みりん、砂糖で丸ごと煮ても、大変軟らかく、おいしくいただけます。五月イカはこの時期にしか食べられません。ぜひ、お試しください。

＜レシピ ＝福本　育代＞
＜イラスト＝福本　倖子＞

㊧この時期にしか食べられない五月イカの丸ごと天ぷら ㊨丸ごと煮

2015.4.29

魚行商のおかみさんレシピ ㊹ 横須賀佐島

アンコウのから揚げと酢みそあえ

冬のイメージが強いアンコウですが、5月によく捕れます。しかも、身も肝も大きく、値段も安く手に入るので、オススメです。この季節にふさわしい食べ方を紹介します。

アンコウが1匹そのまま売っていることは、まずないと思います。切り身では、白い大きな塊が身で、その他は皮や内臓です。まずは、から揚げを作りましょう。

①アンコウの身を一口大に切り、塩、こしょうで下味をつけます。または、少し濃いめの麺つゆに、2～3時間漬けておきます。

②塩、こしょうの場合はそのまま、麺つゆの場合はペーパータオルで水気を拭き取ってから、かたくり粉をまぶします。

③190度の油で❷を揚げます。これで、出来上がりです。

次は、酢みそあえです。

①アンコウの皮や内臓を、たっぷりのお湯でゆでます。10分ほどでゆで上がります。あくは、すくい出す必要はありません。

②ゆで上がった❶をざるに上げ、一度水洗いをします。酢みそやコチュジャンをつけると、大変おいしくいただけます。また、イタリア風にしても、とても美味ですよ。

左 とてもやわらかいアンコウのから揚げ 右 お酒もご飯もすすむアンコウの酢みそあえ

<レシピ ＝福本　育代＞
<イラスト＝福本　倖子＞

魚行商のおかみさんレシピ ㊺ 横須賀佐島

ヒメコダイのフルーツサラダ

数は多くありませんが、一年中手に入るヒメコダイ。とても人気のある白身魚で、天ぷら屋さんなどが大変喜んで買ってくれます。今日は、フルーツサラダを作りましょう。

①うろこを落として三枚におろし、腹の骨を取ります。

②サッと水洗いし、ペーパータオルで水気を拭き取ります。

③下味を付けずに、かたくり粉をからめ、190度の油でカラリと揚げます。

④フルーツを用意します。イチゴ、キウイ、缶詰のパイナップルや桃でも結構です。大きな果物があればそれでもよいでしょう。食べやすい大きさに切ってください。

⑤❸と❹を彩りよく皿に盛ります。

⑥ドレッシングを作ります。とろけるタイプのチーズを少し溶かし、その中にヨーグルトを入れて混ぜ合わせます。

⑦❻を❺にかけたり、付けたりして、召し上がってください。とてもさわやかにいただけますよ。

さらに、ヒメコダイのアラからは、とてもおいしいスープが取れます。

アラを水で洗い、20分ほど水からゆでてスープを取り、目の細かいザルにあけると、とても上品な味が出ます。タマネギやニンジンなどを入れてポトフのような洋風にしたり、豆腐やネギを入れてお吸い物のような和風にしたりしても、おいしくいただけます。味付けは、塩味がよいと思います。

<レシピ ＝福本　育代>
<イラスト＝福本　倖子>

とてもさわやか、ヒメコダイのフルーツサラダ

2015.5.20

魚行商のおかみさんレシピ ㊻

横須賀佐島

トラギスの焼き物と甘露煮

白身がきれいなトラギス。天ぷらやフライにすると美味ですが、20㌢ぐらいのものが手に入ったら焼き物、5㌢ほどのものだったら甘露煮を作ってみましょう。まずは焼き物です。

①うろこを落とし、エラとはらわたを取り出し、水洗いをします。
②ペーパータオルで水気を拭き取ります。
③塩を振らずに、❷を焼きます。

トラギスの焼き物。金山寺みそでお楽しみください

④焼き上がったら、金山寺みそをつけて召し上がってください。大根おろし、あるいはポン酢で食べてもおいしいですよ。

次は甘露煮です。
①うろこを落とし、エラとはらわたを取り出し、水洗いをします。
②鍋の中に、トラギスを並べて入れます。

③しょうゆ、みりん、砂糖、昆布を❷の鍋に入れます。しょうゆなどは、トラギスが隠れるぐらい、すれすれまで入れてください。昆布は10㌢幅に切ったものを入れてください。
④❸を静かに、コトコトと煮ます。2時間ほどで出来上がりです。煮汁がなくならないよう、気をつけてくださいね。

＜レシピ＝福本　育代＞
＜イラスト＝福本　倖子＞

2015.5.27

魚行商のおかみさんレシピ ㊼ 横須賀佐島

アジのたたき丼とワンタン皮包み揚げ

生でも焼いても揚げてもおいしい、地魚の万能選手、アジ。今、12㌢ぐらいの小さめのものが、少し脂が乗ってきました。まずは、たたき丼を作りましょう。

①三枚におろし、腹の骨を毛抜きで取り除き、頭の方から皮をむきます。

②塩水を作ってサッと洗い、ペーパータオルで水気を拭き取ります。

③❷のアジをめんつゆに漬け込みます。私は1時間ほど漬けますが、時間はお好みで決めてください。

④❸からアジを取り出し、ペーパータオルでめんつゆを軽く拭き取ってから、少し粗めにたたきます。小さめのものなら、たたきにしても小骨が気になりません。

⑤丼にご飯を入れ、白ごま(いりごま)、みじん切りにしたショウガ、細かくもみほぐした海苔、❹のたたきを載せ、めんつゆも少しかけます。万能ネギのみじん切りをその上に散らして、出来上がりです。

次は、ワンタンの皮を使った包み揚げです。

たたき丼の❷の状態まで下ごしらえをした後、身を二つか三つに切ります。これをスライスチーズではさみ、ワンタンの皮で包み、180度の油で揚げます。チーズとの相性が抜群です。ぜひ、お試しください。

<レシピ ＝福本　育代>
<イラスト＝福本　倖子>

❷とにかくおいしい、たたき丼 ❸チーズとの相性が抜群。ワンタン皮の包み揚げ

2015.6.3

魚行商のおかみさんレシピ ㊽ 横須賀佐島

マイワシのマリネとかば焼き

今日はマイワシ。まずはマリネです。

①うろこを落として三枚におろし、腹の骨を取ります。

②水で❶を洗い、ペーパータオルで水気を拭き、ほんの少しの塩と少々のこしょうを下味としてかけておきます。

③酢の下ごしらえをします。酢を少し火にかけ、酸味を飛ばします。

④タマネギ（できれば新タマネギ）、赤と黄のピーマン、セロリをスライスします。セロリは筋を取り、縦にスライスしてください。

⑤❹の野菜を❸の酢に入れます。

⑥❷のイワシにかたくり粉をつけて190度の油でこんがりと揚げます。

⑦揚がったイワシをそのまま、酢の中にどんどん入れていきます。野菜とイワシが酢で隠れるぐらいが適量で、1時間ほどで食べられます。

次は、かば焼きです。

①マリネの❷の水気を拭き取るところまで、下処理をしてください。下味をつける必要はありません。

②❶にかたくり粉をつけ、フライパンに油を引いて焼きます。

③❷が焼けたころ、めんつゆを入れます。めんつゆの量は控えめにして砂糖を入れると、とろみが出ます。さっとからめる程度で出来上がりです。

＜レシピ ＝福本　育代＞
＜イラスト＝福木　倖子＞

左 ヘルシーでおいしいマリネ
右 とても食べやすいかば焼き

2015.6.10

魚行商のおかみさんレシピ ㊼ 横須賀佐島

サバのから揚げと中華風

青魚の代表格、サバ。今回は、から揚げとその応用です。まずは、から揚げを作りましょう。

①サバを三枚におろし、腹の骨を取り、身の真ん中にある骨を1本ずつ取ります。

②❶をさっと水洗いし、ペーパータオルで拭き取ります。

③❷を一口大に切り、塩、こしょうを少々振り、下味をつけます。

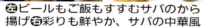
左 ビールもご飯もすすむサバのから揚げ 右 彩りも鮮やか、サバの中華風

④❸にかたくり粉をまぶして190度の油で揚げます。下味をつけずに揚げ、お好みのたれで召し上がっても美味ですよ。

続けて、応用編です。から揚げを、中華風に仕立てましょう。

①赤色と黄色のピーマン、タマネギ、キヌサヤを、それぞれスライスします。

②フライパンに油を引き、❶のピーマンとタマネギを炒めます。

③❷がしんなりとなったら、一口大のから揚げを投入し、しょうゆ大さじ3杯、砂糖かみりんのいずれかと、酢を少々入れます。

④かたくり粉で❸にとろみをつけ、最後にキヌサヤを入れてすぐに火を止め、出来上がりです。彩りも良く、食欲も湧きますよ。

＜レシピ ＝福本　育代＞
＜イラスト＝福本　倖子＞

2015.6.17

魚行商のおかみさんレシピ ㊿
横須賀佐島

コノシロのお団子揚げと酢漬け

コノシロより、すしネタでおなじみのコハダが成長したお魚と言った方が、しっくりくる方もいらっしゃるかもしれません。まずは、お団子揚げです。

①うろこを落とし三枚におろして腹の骨を取り、水でサッと洗ってペーパータオルで水気を拭き取ります。

②❶を皮のついたまま、スピードカッターで細かく刻みます。

③タマネギとニンジンのみじん切り、グリーンピース、たまご1個を❷に入れた上で、味付けでみそを入れます。

④❸にかたくり粉も入れ、ハンバーグをこねるように、よく混ぜ合わせます。

⑤一口大に❹を丸め190度の油で揚げ、召し上がってください。

油が苦手でしたら、お吸い物はいかがでしょうか。その場合はお団子を小さめにします。みそ味がついているので、汁には塩を入れて加減してください。彩りにミツバを添えてどうぞ。

もう1品、酢漬けを作りましょう。

①お団子の❶まで下処理をし、身1枚に小さじ1杯の塩を表と裏に振ります。

②1時間置き、水で塩をサッと流し、ペーパータオルで水気を拭き取ります。

③酢に❷を入れます。二杯酢でも三杯酢でもよいので2時間ほど置きます。

④酢から身を取り出し皮をむかずに細切りにします。コノシロは小骨の多い魚ですがキュウリと一緒に食べると骨も気にならず、おいしく召し上がれますよ。

＜レシピ ＝福本　育代＞
＜イラスト＝福本　倖子＞

㊧お弁当のおかずにもぴったり、お団子揚げ ㊨さっぱりとおいしい酢漬け

2015.6.24

魚行商のおかみさんレシピ 横須賀佐島 (51)

地ダコと水菜のサラダ、から揚げ

タコは一匹一匹個性があり、やわらかく、おいしくゆでるのは難しいです。1年前にタコめしを作ったときは下処理から紹介しましたが、今回はゆでてあるタコを買って使いましょう。まずは、地ダコと水菜のサラダです。

①タコの足を1本ずつにして、できるだけ薄く切ります。そぐような感じで切ってください。

②水菜を洗い、3㌢ぐらいの長さにサクサクと切ります。

㊧相性が抜群、地ダコと水菜のサラダ
㊨塩気のバランスが面白い、地ダコのから揚げ

③大きめのお皿いっぱいに❷を広げ、その上に❶を敷き詰めるように並べます。

④フライパンにオイルを入れ、みじん切りにしたニンニクをキツネ色になるまで炒め、ポン酢を入れてサッと沸かします。冷めないうちに、❸にかけて召し上がってください。

次は地ダコのから揚げです。

①薄くそぎ切りにしたタコの足に、かたくり粉をつけます。

②余分についたかたくり粉をはたき落とし190度の油でカラッと揚げます。

タコはぬめりを取るときに塩を使うことが一般的ですので、塩を振らなくても塩気が残っています。そのまま❷を食べておいしければ結構ですが、味が薄ければポン酢で召し上がってください。さっぱりとしておいしいですよ。

<レシピ　＝福本　育代>
<イラスト＝福本　倖子>

2015.7.1

魚行商のおかみさんレシピ ㊾ 横須賀佐島

サザエのバター炒めと炊き込み風ご飯

まずはサザエのバター炒め。1個150㌘ぐらいのサザエを5個用意します。

①サザエをサッと水で洗います。
②鍋に水と塩を大さじ2杯入れます。
③❷にサザエを入れて火にかけ、沸騰してから8分ほどゆでます。
④ゆで上がったら殻から身を取り出し、しっぽを取って縦に二つに割り、真ん中辺りにある苦い部分を取り除きます。
⑤❹をスライスします。
⑥フライパンにバターを多めにひき、みじん切りにしたニンニクを炒めます。
⑦ニンニクがきつね色になったら❺のサザエを入れて手早く混ぜ合わせ、しょうゆをほんの少しかけて火を止めます。これで、できあがりです。ニンニクとサザエを炒めたバターしょうゆは、ご飯にかけても美味ですよ。

❺の状態まで下ごしらえしたサザエを少し持たせたい場合は、めんつゆに漬けます。長く漬け置く場合は、めんつゆを薄めにしてください。漬けたサザエを細かく切り、ご飯に混ぜ、めんつゆを少しかけると、炊き込み風のサザエご飯になりますよ。

また、❹まで下処理したサザエに、みそ、みりん、酒と砂糖を混ぜ合わせたたれを薄く塗り、火であぶっても面白いです。香ばしく、とても美味ですよ。

<レシピ ＝福本 育代>

とても香ばしいサザエのバターニンニク炒め

炊き込み風の趣。サザエご飯

2015.7.8

魚行商のおかみさんレシピ ㊼ 横須賀佐島

イナダのグラタン風と春巻き

出世魚ブリの幼魚、イナダ。まずはグラタン風です。

①イナダのうろこを落として三枚におろし、腹の骨を取ります。皮もはがし、真ん中にある骨もすべて取り除きます。この状態で300㌘あれば、3〜4人分になります。

②スピードカッターで❶を形が残らないくらいまで細かく刻みます。

③4分の1丁の豆腐を粉々につぶし、卵1個、かたくり粉大さじ2杯、塩をほんの少し入れ、ハンバーグを作るときの要領で❷と混ぜ合わせます。

④器にバターを塗って❸を入れ、電子レンジで加熱します。500㍗なら2分半でパンのようにふんわりします。

⑤レンジから❹を取り出し、スライスチーズを素早く載せます。しばらくすると熱でチーズが溶けるので、その上にスライスしたミニトマトを載せて出来上がりです。魚が好きでない方も、骨が気になる方も、おいしく召し上がれますよ。

次は春巻きです。

①グラタン風の❶まで下処理し、太さ1㌢角、長さ10㌢の棒状に切ります。

②春巻きの皮に、❶のイナダ、3分の1の長さに切った万能ネギ、縦に千切りにした赤と黄のピーマンを置き、昆布茶をほんの少し入れ、皮を巻きます。

③180度の油でカラッと揚げ、斜めに二つに切って器に盛り、ポン酢で召し上がってください。とても美味ですよ。

＜レシピ　＝福本　育代＞
＜イラスト＝福本　倖子＞

左 魚が苦手な方にもオススメ、イナダのグラタン風 右 彩りも鮮やか、イナダの春巻き

2015.7.15

魚行商のおかみさんレシピ 横須賀佐島 ㊴

カマスの酢漬けと巻きずし

煮ても焼いてもフライでもおいしいカマス。今日はまず、酢漬けを作ります。

①うろこを落として三枚におろし、腹の骨と身の真ん中にある骨を取ります。

②塩水で❶をサッと洗い、ペーパータオルで水気を拭き取ります。

③❷の表と裏に塩を振り、1、2時間置いてから水で塩を洗い流します。塩の量はカマス1本につき大さじ2杯です。

④ペーパータオルで❸の水気を拭き取って器に入れ、二杯酢や三杯酢などお好みの酢をカマスが浸るぐらい入れます。

⑤10㌢ほどの昆布を❹に入れ、2時間ほど漬け込んだらできあがりです。

さあ、次はこの酢漬けを使って巻きずしを作ってみましょう。

①ラップの上に手巻きずし用の海苔を広げます。

②❶の上に、水気を拭き取ったカマスの酢漬けを、皮を下、白身を上にして載せます。

③❷の上に、レタス、白米、スライスした赤と黄のピーマンの順に載せて巻きます。酢漬けを使っているので、酢飯にしなくてよいです。

④ラップを外し、❸を2〜3㌢ほどの幅に切ったらできあがりです。

実は、今日の料理の写真はこれまでとは違います。酢漬けまでは私が作りましたが、巻きずしに仕立てたのは神奈川新聞の方たちです。皆さんもぜひ、作ってみてください。＜レシピ　＝福本　育代＞
＜イラスト＝福本　倖子＞

脂が乗った白身に色とりどりの野菜が映えるカマスの巻きずし

2015.7.22

魚行商のおかみさんレシピ ㊺ 横須賀佐島

カマスの空揚げとゆで物

先週に続いてカマス。まずは、空揚げを作りましょう。

①カマスのうろこを落として三枚におろし、腹の骨と身の真ん中にある骨を取ります。

②塩水で❶をサッと洗い、ペーパータオルで水気をよく拭き取ります。

③❷を一口大に切り、昆布茶を振りかけます。下味は、これだけです。

④かたくり粉を❸にまぶします。余分な粉は、はたいて落とします。

⑤190度の油で揚げ、少しカリっとしたら、できあがりです。

次は、ゆで物です。

①空揚げの❹の状態まで処理したカマスの身を、沸騰したお湯の中に入れます。一度にたくさん入れると、かたくり粉の影響で固まってしまいます。面倒ですが、一つずつ、素早く入れましょう。

②お湯に入れた身は、一度沈んでから浮き上がってきます。浮き上がってから1、2分したらざるに取り、氷水の中に入れて冷やします。

③身が冷えたらざるに上げ、水気を切ったらできあがりです。ポン酢で召し上がると、さっぱりして美味ですよ。

<レシピ＝福本　育代>
<イラスト＝福本　倖子>

㊧お酒にもご飯にも合う、カマスの空揚げ ㊨しっとりとやわらかい、カマスのゆで物

2015.7.29

魚行商のおかみさんレシピ 横須賀佐島 (56)

ソウダガツオのご飯とレモン塩焼き

　ソウダガツオは脂がない方がオススメ。特有の臭みが出ないからです。まずは、ソウダガツオのご飯です。

　①三枚におろし、腹と身の真ん中にある骨を取り、皮をはぎます。

　②❶を1㌢角に切り、ざるに入れ、熱湯にくぐらせます。

　③❷を冷水につけてあくを取ってから、ペーパータオルで水気を取ります。

　④水気を取っている間にお米をとぎ、しょうゆと塩で下味をつけ、ショウガの千切りも入れます。

　⑤❸のカツオと酒を❹に入れ、ひと目盛り少ないぐらいの水加減にし、炊き上げれば出来上がりです。

㊧お弁当やおにぎりでも良し。ソウダガツオのご飯㊨おつまみでもおかずでも良し。ソウダガツオのレモン塩焼き

　次は、レモン塩焼きです。

　①五枚におろし、腹と身の真ん中にある骨を取り、皮をはぎます。

　②❶で仕立てた1さくを、1㌢ほどの厚さにそぐように切ります。

　③フライパンにオイルを多めに入れ、❷を入れてレモン塩をかけ、ふたをして焼いたら出来上がりです。レモンの酸味がさっぱりして美味ですよ。

　もう1品。煮付けも紹介します。

　①カツオご飯の際の❶まで下処理した身を鍋に入れ、10㌢に切った昆布と水を入れ、1時間置いてだしを取ります。

　②❶のだしに、しょうゆ、みりん、酒を入れて味を調え、カツオを入れて煮ます。おいしい煮付けができますよ。

＜レシピ　＝福本　育代＞
＜イラスト＝福本　倖子＞

2015.8.5

横須賀佐島

魚行商のおかみさんレシピ (57)

イシモチの酢締めとワンタンゆで

今日はイシモチ。なじみの薄い名前という方もいらっしゃるかもしれませんが、みなさん食べたことがあると思います。かまぼこの原材料になるお魚だからです。まずは、酢締めを作りましょう。

①うろこを落とし三枚におろします。

②腹の骨を取り、片身に対して大さじ２杯の塩を振り、２時間ほど塩で締めておきます。

③❷を水洗いし、ペーパータオルで水気を拭き取ります。

④酢に❸を入れます。二杯酢でも三杯酢でもお好み次第です。10センチぐらいに切った昆布も入れましょう。

㊧ワカメで巻いたイシモチの酢締め
㊨新感覚、イシモチのワンタンゆで

⑤２時間ほど置いたら❹からイシモチを取り出して皮をむき、身の真ん中にある骨を取って出来上がりです。さっぱりとしていて、夏場に食欲が増しますよ。

次はワンタンゆでです。

①うろこを落として三枚におろし、腹と身の真ん中にある骨を取り除きます。

②❶をスピードカッターにかけ、身の形が残らないぐらいに細かく刻みます。

③タマネギとチーズのみじん切りと❷を、かたくり粉、塩、卵と混ぜ合わせます。タマネギ、チーズ、イシモチは、３分の１ずつの割合で入れ、ハンバーグを作る要領で混ぜ合わせます。

④ワンタンの皮で❸を包み、鍋に入れてゆでます。お召し上がりは、からしポン酢でどうぞ。

＜レシピ　＝福本　育代＞
＜イラスト＝福本　倖子＞

2015.8.12

魚行商のおかみさんレシピ ㊳ 横須賀佐島

アカシタビラメのムニエルとトマト詰め

大きくて身も厚いアカシタビラメ。まずは、ムニエルを作りましょう。

①両面のうろこを落として頭を取り、大きさに応じて何等分かに切ります。

②❶を水で洗い、ペーパータオルで水気を拭き取り、塩、こしょう、かたくり粉をまぶします。余分なかたくり粉は、はたき落としましょう。

③フライパンにオイルかバターを引き、❷をこんがりと焼き上げましょう。香ばしくておいしい、ムニエルの出来上がりです。

左 香ばしくておいしい、アカシタビラメのムニエル 右 余ったムニエルがかわいく変身。アカシタビラメのトマト詰め

ムニエルが残った場合には、趣の異なる一品、トマト詰めを作ります。

①ムニエルの状態からきれいに骨を取り、身をほぐします。

②チーズを小さく切り、少しの牛乳と❶を混ぜ合わせます。牛乳は、混ぜ合わせたときに水っぽくならない程度の量で、ほんの少しです。

③少し大きめのプチトマト（一口大）を50度ぐらいのお湯に少し漬け、取り出したら皮をむきます。

④❸のへたを切ります。ふたの代わりにしますので取っておいてください。

⑤トマトの真ん中、種などがある部分を、ティースプーンですくい取ります。

⑥❺の中に❷を平らになるように入れ、バルサミコやポン酢などを付け、お召し上がりください。冷やして食べても大変おいしく、私の孫も「かわいい」と言って、喜んで食べます。残った魚で全く違った食べ方ができ、幸せです。

＜レシピ＝福本　育代＞
＜イラスト＝福木　倖子＞

2015.8.19

魚行商のおかみさんレシピ 横須賀佐島 (59)

テングサでフルーツ寒天

　今日はテングサ。岩に生える海藻ですが、おなじみの食品、寒天や心太（ところてん）の原料です。まずは、基本的な寒天の作り方を紹介します。

　テングサ50グラム、水２リットル、酢12ccを用意してください。分量は基本的な目安で、夏はテングサが固まりにくいので、目安より少なめが良いでしょう。

　①テングサを流水で洗い、大きめの鍋に水、酢と一緒に入れ、強火で煮ます。

　②煮立ったら噴きこぼれないように気をつけながら、さらに40～50分煮ます。時々かき混ぜてください。

生クリームをあしらったフルーツ寒天

　③火を止めてテングサを取り出し、残りの煮汁を布でこします。

　以上が基本的な作り方ですが今回はフルーツ寒天にチャレンジしましょう。果物でなくドライフルーツを使うバージョンです。ドライフルーツはいろいろありますが、できるだけ小さな物を使います。

　①ドライフルーツを３～５分程度ぬるま湯に浸します。

　②ドライフルーツが柔らかくなったら、ザルに上げておきます。

　③ここでいったん、テングサに移ります。寒天の基本的な作り方の❷までいったら、ボウルにザルと布巾を重ね、テングサを取り出した煮汁をこします。

　④布巾を絞って煮汁をこしたら、お好みの型に流し入れます。その中に柔らかくなったドライフルーツを入れ、冷蔵庫で冷やして固めます。

　⑤お好きな形に切って、いちごジャムやヨーグルト、あるいはハチミツをかけて召し上がってください。寒天にはあえて味をつけていませんので、いろいろとお試しください。

　もう１品。とってもヘルシーでおいしい炊き込みご飯をご紹介します。

　①乾燥しているテングサ（さらして白い物）をそのまま、できるだけ細く、ハサミで切っておきます。

　②お米３合と約10グラムの❶を一緒にとぎます。水加減は白米のみを３合炊く量で結構です。そのまま炊くと、ふわっとして、少し甘みの出るご飯が炊けます。

　切って余ったテングサは、みそ汁や野菜炒めに入れてもおいしくいただけますよ。

<レシピ　＝福本　育代>

2015.8.26

魚行商のおかみさんレシピ ㉖ 横須賀佐島

イナダの酢締めと磯辺焼き

ブリの幼魚イナダ。以前、グラタン風と春巻きの作り方を紹介しましたが、今日は和風です。お刺し身でも良いですが、酢で締めてもおいしい魚ですので、まずは酢締めを作りましょう。

①イナダのうろこを落とし、三枚におろします。

②腹の骨を取り除いて、サッと水洗いし、ペーパータオルで水気を拭き取ります。

③塩を振ります。イナダの大きさにもよりますが、1匹あたりで両面に大さじ4杯の塩を振り、2時間ほど置きます。

④❸を水洗いし、ペーパータオルで水気を拭き取ります。

⑤酢は二杯酢でも三杯酢でも、お好みの時間で漬けましょう。漬けあがったら、皮をむき、刺し身のように切り、出来上がりです。

次は、イナダの磯辺焼きです。

①イナダを三枚におろして腹の骨を取り除き、お刺し身のように切ります。

②しょうゆ、酒、みりんなどで漬けダレを作り、❶のイナダを漬けます。

③焼きのりか普通ののり（湿気たものでも大丈夫です）を用意し、味がしみた❷のイナダに磯辺焼きのように巻きます。

④フライパンに油を多めに入れ、❸を入れ、両面を焼きます。

温かいうちに召し上がると、のりがパリパリで、とても美味ですよ。お弁当のおかずにもってこいの一品です。ぜひお試しください。

<レシピ　＝福本　育代>
<イラスト＝福本　倖子>

正統派の美味、イナダの酢締め

魚行商のおかみさんレシピ ㉑ 横須賀佐島

カンパチの丼と酢みそあえ

すしネタなどでおなじみのカンパチ。まずはカンパチ丼を作りましょう。

①カンパチのうろこを落とし、三枚におろします。

②❶の尾の方から包丁を入れ、皮をむきます。

③❷の身の真ん中にある骨を取り、小さな角切りにします。

④しょうゆ、酒、みりんで漬けだれを作り、1時間から2時間ほど❸を漬けます。

⑤ご飯はお好みで、酢飯にしても良いですし、何も味付けしないご飯でも良いと思います。丼にご飯を入れ、いりごまを散らし、小さくさいの目に切ったキュウリ、みじん切りにした大葉をそれぞれ載せます。最後に❹をぱらぱらと載せ、漬けだれをかけて出来上がりです。

さっぱりといただけて、暑い日にはもってこいです。

次はカンパチの酢みそあえです。

①カンパチのうろこを落とし、三枚におろします。

②腹と真ん中の骨を取り、お刺し身にします。

③酢みそを付けて、食べましょう。とても美味ですが、さらに、キュウリをスライスし、刺し身と混ぜ、酢みそあえにしてもさっぱりとしておいしいです。ショウガを散らしても良いでしょう。ぜひ、お試しください。

＜レシピ ＝福本　育代＞
＜イラスト＝福本　倖子＞

左 暑い日にぴったり、カンパチ丼　右 さっぱりとして美味、カンパチの酢みそあえ

2015.9.9

魚行商のおかみさんレシピ ㉖ 横須賀佐島

ヘダイの焼き物

佐島ではこの4、5年の間に多く水揚げされているヘダイ。聞き慣れない名前という方もいらっしゃると思いますが、漢字では「平鯛」と書き、クロダイに似ています。脂もあり、新鮮なものでしたらお刺し身でも結構ですが、今回は丸ごと焼いてみましょう。まずは、みそ焼きです。

①うろこを落とし、えらとはらわたを取り出します。

②みそだれを作ります。普段使っているみそに、少々の酒とみりんを混ぜ合わせます。

③下ごしらえをした❶の両面に❷をぬり、お皿に載せてラップをかけます。

④焼きは、電子レンジを使います。目安は、400㌘ぐらいのヘダイの場合、500㍗で10分です。

電子レンジを使うと、みそが焦げず、調理器具も汚さずに焼けます。とても便

利ですよ。

別の味付けでは、塩レモンもおすすめです。みそ焼きのときのように下ごしらえをし、塩レモンをかけ、同様に焼いてください。時間などの目安も同じです。柔らかく、フワッと仕上がります。ヘルシーですし、大変おいしいですよ。ぜひ、お試しください。

＜レシピ ＝福本　育代＞
＜イラスト＝福本　倖子＞

ヘダイのみそ焼き。電子レンジを使うと、とても便利です

2015.9.16

魚行商のおかみさんレシピ 横須賀佐島 (63)

トコブシの煮付け

今日はトコブシの煮付けを作りましょう。

①まずはトコブシを洗います。塩などを使ってゴシゴシとこすったりすると、生きているトコブシはギュッと硬直してしまいます。ですので、真水を使い、優しく洗いましょう。殻はタワシで汚れを落とします。

②きれいに洗ったトコブシを、殻を上にした状態で鍋に入れます。

③水、しょうゆ、酒、みりんを鍋に入れます。トコブシが全部浸るぐらい、少し多めのだし汁にして煮ます。大きさにもよりますが、沸騰してから１～２分で火を止めます。

④火を止めたら、トコブシを入れたまま（伏せたまま）一晩漬け込んでおきましょう。味が染み込み、柔らかくておいしい、トコブシの煮付けの出来上がりです。

煮汁の味は薄めにしましょう。硬くなってしまうので、砂糖をあまり使わないことがおいしく煮るポイントです。

煮汁は捨てずに活用しましょう。ナスを煮たり、またはお豆腐とネギなどを煮ても美味です。私は煮汁を少し薄めて、そうめんをつけていただきます。少しぜいたくですね。一つのもので、何通りでもお試しください。

＜レシピ＝福本　育代＞

柔らかくて美味、トコブシの煮付け

2015.9.30

魚行商のおかみさんレシピ ㉞ 横須賀佐島

アジのチーズコロッケ

これまで、ハンバーグ、なめろう、ワンタン皮包み揚げ、マリネや骨せんべいなどの作り方を紹介してきた地魚の万能選手アジ。今日はチーズコロッケを作りましょう。

①三枚におろし、頭の方から皮をむきます。大きめのアジでしたら、真ん中にある小さな骨を取りましょう。小さめでしたら、抜かなくても大丈夫です。

②❶を水でサッと洗って、ペーパータオルで水気を拭き取ります。

③スピードカッターで❷を細かく刻みます。

④タマネギのみじん切り、卵、かたくり粉、塩とこしょうを少々入れ、少し粘りが出るまで混ぜ合わせます。卵はアジの量により加減してください。少ない身に対して卵を1個入れると、タネがゆるくなってしまいます。

⑤丸いチーズか四角く小さく切ったチーズを用意し、❹のタネでチーズをくるむように包みます。火の通りが悪くなってしまいますので、あまり大きくなりすぎないように包むのがポイントです。

⑥❺に小麦粉、卵、パン粉の順につけ、コロッケのようにします。大きさによって油の温度を調整しながら揚げましょう。チーズが少し溶けていて、お子さまにも喜ばれるうれしい一品です。

＜レシピ ＝福本　育代＞
＜イラスト＝福本　倖子＞

お子さまにも喜ばれるアジのチーズコロッケ

2015.10.7

魚行商のおかみさんレシピ 横須賀佐島 ㊿

サバのまぜご飯

体にいい青魚、サバ。今日は、まぜご飯を作りましょう。

①サバの頭を落として三枚におろし、腹の骨と真ん中にある小さな骨を取り除きます。

②❶を水でサッと洗い、ペーパータオルで水気を拭きます。

③❷に塩を軽く振り、1時間ほど置きます。

④1時間ほどたったら、❸を大きめのお皿に載せてラップをかけ、電子レンジで蒸し焼きにします。目安は500㍗で8～10分です。

⑤❹をほぐします。種を取って細かく切った梅干し、いりごま（白ごま）、グリーンピースと一緒に、ご飯と混ぜ合わせます。ご飯には、あらかじめ味付けはしません。優しく混ぜましょう。

加熱調理はオーブンで焼いてもよいのですが、サバは皮が薄いので焦げてしまいます。焦げが香ばしいのでお好きという方は良いと思いますが、焦げがないほうが、ご飯と混ぜ合わせたときの出来上がりがきれいです。また、加熱をする際にゆでると、うま味が逃げてしまいますので、おすすめはしません。

＜レシピ ＝福本　育代＞
＜イラスト＝福本　倖子＞

彩りも味も楽しい、サバのまぜご飯

2015.10.14

魚行商の おかみさんレシピ ㊆ 横須賀佐島

カサゴの空揚げ

今日はカサゴの空揚げです。カサゴの空揚げというと、丸ごとのイメージが一般的だと思いますが、普通のご家庭では火力が足りないので難しいと思います。そこで、ちょっと工夫したおろし方を紹介します。

①カサゴの頭を落とさず、三枚におろします。首の所から尾に向かって三枚にし、腹の骨と真ん中にある小さな骨を取ります。

②❶の身をサッと水で洗い、ペーパータオルで水気を拭き取ります。

③頭がついたままの中骨にお好みの味を付け、空揚げ粉をつけます。

④余分な粉を軽く落とし、ゆっくりと中火で揚げます。

⑤身を揚げます。三枚におろした状態で揚げてもよいのですが、一口大に切ってもよいと思います。

⑥一口大に切った場合の盛り付けは、頭のついたものをまず置き、その上に身を載せ、1匹のカサゴに見えるように盛り付けましょう。

続けて応用編です。

①上記の方法で味付けをせず、カサゴを揚げてください。

②お好みの味付けで野菜を炒め、かたくり粉でとろみをつけ、中華風野菜炒めを作ります。

③❶に❷をかけ、召し上がってください。とても、美味ですよ。

＜レシピ＝福本　育代＞
＜イラスト＝福本　倖子＞

ちょっと工夫すれば、一般のご家庭の火力でもO.K.。カサゴの空揚げ

魚行商のおかみさんレシピ ㊿

横須賀佐島

アマダイの塩焼き

高級魚で知られるアマダイ。実は佐島のアマダイは有名で、築地市場でも佐島ブランドといわれるほどです。せっかくですので、できるだけ捨てることなく使いましょう。

①まず、うろこを取ります。うろこは捨てず、きれいに取っておきましょう（料理屋さんはうろこごと焼きますが、一般家庭では難しいでしょう）。

②はらわたを取り塩水でサッと洗い、ペーパータオルで水気を拭き取ります。

③お好みの量の塩を振り、30分～1時間おいてから焼きます。アマダイの身は柔らかくて崩れやすく、大変きれいな色をしているので、耐熱性のあるお皿に載せ、電子レンジでフワッと加熱します。魚の大きさにもよりますが、500㍗で8分ぐらいの加熱が目安です。カボスを少しかけ、召し上がってください。

さらに意外な一品。取っておいたうろ

こを真水で洗ってざるに揚げ、ペーパータオルで水気を拭き取ります。180度の油でサッと揚げ、塩を少々振り召し上がってください。

不思議な食感ですが、大変美味な新発見です。ブダイなど大きくて厚みのあるうろこは、少しゆっくり揚げましょう。ぜひ、お試しください。

＜レシピ ＝福本　育代＞
＜イラスト＝福本　倖子＞

絶品、アマダイの塩焼き。右下はうろこの素揚げ。まさに、「目からうろこ」の一品

2015.10.28

魚行商のおかみさんレシピ ㊸

横須賀佐島

ウスバカワハギの刺し身

佐島では今、たくさんのウスバカワハギが水揚げされています。小さいもので45㌢ぐらいで、身は白く、きれいです。脂はありませんが、ヒラメのような上品な白身で、私が好きな魚の一つです。今日は、お刺し身に仕立てましょう。

①ウスバカワハギの頭を落として三枚におろし、腹の骨を取ります。

②包丁を使って皮をはぎます。❶の身を上、皮を下にして、まな板の上に置きます。皮はザラザラしているのでまな板にピタッと付き、とてもはがしやすいです。包丁を使わず手ではぐと、身と皮の間にある薄皮が残ってしまい、刺し身で食べると気になるからです。

今回は、お刺し身に仕立てたウスバカワハギの3通りの食べ方を紹介します。

まずは、細く切った長ネギと混ぜ、めんつゆを少々かけ、カボスをしぼっていただきます。

次は、みそ、砂糖少々、ショウガのみじん切りを混ぜ、召し上がってください。最後は、すりごま、いりごま、しょうゆ、砂糖を混ぜたごまあえです。

ウスバカワハギはいろいろな料理方法が楽しめる魚だと思います。たくさんとれる今のうちに、いろいろと取り組みたいと思います。

＜レシピ ＝福本　育代＞
＜イラスト＝福本　倖子＞

上品な白身、ウスバカワハギのお刺し身

2015.11.11

魚行商のおかみさんレシピ ⑥⑨
横須賀佐島

ウスバカワハギの空揚げ

先週に続き、ウスバカワハギです。今日は、空揚げを作りましょう。

①ウスバカワハギの頭を落として三枚におろし、腹の骨を取ります。

②❶の皮を手でむきます。前回のお刺し身では、包丁を使って皮をはぎました。手ではぐと身と皮の間にある薄皮が残ってしまい、食べる時に気になるからですが、今回は手でOKです。頭の方から尾の方へとむくと、簡単にむけます。

③❷を一口大に切ります。

④次は味付けです。45㌢ぐらいのウスバカワハギに対し、ニンニク3かけらと5㌢ぐらいのショウガのすりおろし、生卵1個、小麦粉大さじ4杯、麺つゆ大さじ4杯を混ぜ合わせます。

⑤❹に❸を入れ、2～3時間漬け込みます。

⑥190度の油で❺を揚げます。骨がなく、身が薄い魚ですので、すぐに揚がります。注意して、手早く揚げてください。

ニンニクとショウガの味付けが絶妙。ウスバカワハギの空揚げ

ウスバカワハギは今、佐島でたくさん水揚げされています。脂はありませんが、ヒラメのような上品な白身です。私が好きな魚の一つで、いろいろな料理に取り組める面白い魚だと思います。肝もあるので、これからの季節は、鍋でもよいと思いますよ。

＜レシピ　＝福本　育代＞
＜イラスト＝福本　倖子＞

2015.11.18

魚行商のおかみさんレシピ ⑦⓪ 横須賀佐島

佐島では今、400～500㌘ほどのソウダガツオがたくさん水揚げされています。脂も少し乗っています。今回は、ソウダガツオの面白い食べ方を紹介します。

①ソウダガツオの頭を落とし、はらわたを取り出します。

②❶を三枚におろして皮をむき、刺し身にします。

③乾いているぬかと少しの塩を、❷と混ぜ合わせます。まず、深い器（タッパーなどでもよいでしょう）にぬかを入れ、ソウダガツオを並べ、さらに、ぬか、ソウダガツオと、サンドイッチのように重ねて漬け込みます。

④一晩漬けたら、❸からソウダガツオを取り出し、ぬかを手で落とします。ぬかは少し付いていても大丈夫です。むしろ、あまり落とさない方がおいしいです。

⑤❹をお皿に並べてラップをし、電子レンジで焼きます。3、4分焼き、そのまま召し上がってください。

気を付けていただきたいのは、塩とぬかのバランスです。混ぜたときに味見をし、整えてください。

ソウダガツオは鮮度が良ければ生でもいただけます。刺し身の場合は、おろしショウガとしょうゆで召し上がってください。

＜レシピ ＝福本　育代＞
＜イラスト＝福本　倖子＞

ソウダガツオのぬか漬け

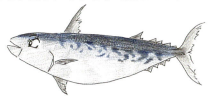

日本酒と一緒に楽しみたい、ソウダガツオのぬか漬け

2015.11.25

魚行商のおかみさんレシピ ⑦

横須賀佐島

タイちり鍋とうろこの素揚げ

冬本番でお正月も近づいてきました。2週連続で、タイを使った料理を作ります。まずは、ちり鍋です。

①タイのうろこを取って頭を落とし、三枚におろします。うろこは洗い、ペーパータオルで水気を拭き取ります。後で使いますので、取っておきましょう。

②鍋に入る大きさにタイの背骨を折ります。細かくせず、大きめのサイズになるよう折ってください。

③タイの頭、❷の背骨を鍋に入れ、頭と背骨を覆うぐらい水を入れます。

④ショウガと10㌢四方に切っただし昆布を鍋に入れ、火にかけます。

冬本番、タイちり鍋で温まりましょう

⑤❹が沸騰したら、お玉であくを取ります。または、沸騰した汁を捨て、もう一度水とショウガを入れて火にかけても結構です。私は、あく取り派です。

⑥40分煮たら大きめのボウルか鍋に目の細かいザルを入れ、煮汁ごとザルにあげます。❷で骨を大きめに折ったのは、あらをあげやすくするためです。

⑦❻でとっただし汁に、豆腐、野菜、タイの切り身を入れ、ちり鍋としてお楽しみください。タイのだし汁は、湯豆腐やお吸い物、そうめんを入れるなど、さまざまな料理に使えます。湯豆腐や鍋の残り汁に卵と三つ葉を入れ、雑炊でも楽しめます。寒い冬にはもってこいです。

さて、取っておいたうろこは180〜190度の油にできるだけバラバラにして入れてください。手早く揚げ、昆布茶の粉を少しかけます。とてもきれいで、パリパリとした不思議な食感ですよ。

＜レシピ＝福本　育代＞
＜イラスト＝福本　倖子＞

魚行商のおかみさんレシピ ㉒ 横須賀佐島

タイめし

前回に続いてタイを使った料理です。今回は、炊飯器で簡単にできるタイめしを紹介します。

①タイのうろこを取って頭を落とし、三枚におろします。
②切り身の真ん中にある小骨を抜くか、小骨の部分を切って取り除きます。
③❷を洗い、ほんの少しの塩を振りかけます。
④お米を洗ってザルにあげ、30分ほど置きます。
⑤❹の米を炊飯器の内釜に入れます。水の代わりに前回つくったタイのだし汁を入れます。水加減は少なめです。
⑥❺に塩少々、酒、昆布茶を入れます。しょうゆもごはんに色が付かない程度入れます。さらに、ショウガのみじん切りを入れてかき混ぜ、味見をしてください。

⑦❸の切り身をサッと洗ってペーパータオルで拭き、お米の上に置いて炊きあげます。

タイは焼いた方が香ばしくなりますが、焦げ目がたくさん付くと、ごはんと混ぜたときにきれいに見えません。どうしても焼きたい方は、フライパンに油を引かず、タイの身の両面をあぶって焦げ目を付けます。

タイめしを茶わんによそい、ショウガのみじん切りを載せると、よい香りがします。お正月も近いので、ぜひお試しください。

<レシピ ＝福本　育代>
<イラスト＝福本　倖子>

お正月に食べたい、タイめし

2015.12.9

魚行商のおかみさんレシピ ㊳

横須賀佐島

ナマコの酢の物

今が旬のナマコ。塩でもんでぬめりを取るとよく言いますが、下手に取ると本体が傷ついたり、硬くなったりしてしまいますので、私は取りません。それでは、酢の物を作りましょう。

①頭と後部を切り取った上で半分に切り、わたを取り出し、水洗いします。

②お茶を沸かし、色がついたら少し冷まします。温度は70〜80度ぐらいです。

③お茶が少し冷めたらナマコを入れます。お茶は、ナマコを覆うぐらいの分量にしてください。

④お茶が自然に冷めたらナマコを取り出し、食べやすい大きさに切ります。

⑤❹を酢に漬けます。酢だけでも二杯酢でも三杯酢でも結構です。出来上がった酢の物は、ダイコンおろしに入れても美味です。

ナマコの内臓のことを「このわた」と言います。まな板の上に置いて包丁の背をやさしく当て、力を入れずになでるようにすると砂が出ます。塩でさっと洗って切り、酢でいただきます。日本の珍味の一つです。ぜひ、お試しください。

<レシピ ＝福本　育代>
<イラスト＝福本　倖子>

この季節ならではの楽しみ。ナマコの酢の物

2015.12.16

魚行商のおかみさんレシピ ⑭ 横須賀佐島

スズキの洋風ムニエル

今日はスズキのムニエルです。以前、和風の作り方を紹介しましたが、今回は一手間かけた洋風のムニエルを作りましょう。

①スズキの頭とうろこを落とし、はらわたを取り、三枚におろします。

②腹の骨を取り、中骨を抜き、食べやすい大きさに切ります。

③❷に塩、こしょうをほんの少しかけ、30分ほど置き、小麦粉をまぶします。

④フライパンに油を引いてニンニクのみじん切りを入れ、ニンニクが子ぎつね色になったら❸を入れます。先に、皮の方を下にして焼きましょう。皮が少しカリカリになるように焼け、おいしくなる

からです。

⑤クラムチャウダーを用意し、ソースとして使います。クラムチャウダーを少し温め、焼きたての❹を付けていただくなり、❹にかけて召し上がっても美味です。若い方に人気のメニューです。

洋風がお好みでない方は、大根おろしとしょうゆ、またはレモン汁でいただいても大変おいしいですよ。

＜レシピ ＝福本　育代＞
＜イラスト＝福本　桃子＞

クラムチャウダーをソースに。スズキの洋風ムニエル

2015.12.23

魚行商のおかみさんレシピ ㊆

横須賀佐島

カワハギの肝焼き

今日はカワハギです。これまでにお刺し身や空揚げを作りましたが、肝焼きにチャレンジしましょう。

①皮をむきます。頭の上にある角を切り落とし、口先も少しだけ切り落とします。口のところから皮をむき始めると、きれいにむけます。

②腹に包丁を入れて開き、肝をそっと取り出し、肝に付いている苦玉を捨て、肝だけ別に取っておきます。

③カワハギを電子レンジで加熱します。200㌘程度なら5〜6分です。

④取っておいた肝を、みそ小さじ半分、万能ネギのみじん切り、とろけるチーズ1枚と混ぜ合わせ、電子レンジで1〜2分加熱します。

⑤加熱した❸に❹の肝たれをかけ、いただきます。コクがあって大変おいしいです。また、肝たれではなく昆布茶をつけて食べても、さっぱりして大変美味です。

カワハギは今が旬。肝もたくさん入っていますので、ぜひお試しください。苦玉は濃いめの黄色い液が入っている内臓です。毒ではありませんし、取り除けば何でもおいしくいただけますが、苦玉があると煮ても焼いても苦くなってしまいますので、ご注意ください。

<レシピ＝福本　育代>
<イラスト＝福本　倖子>

旬の今に食べたい。カワハギの肝焼き

2016.1.6

魚行商のおかみさんレシピ ㊆ 横須賀佐島

今日はタチウオ。意外な一品、ピザ風に仕立てます。

①タチウオを三枚におろします。長いので、とても難しいと思いますが、3～4等分に切り分けてから三枚におろすと、楽におろせます。

②三枚おろしができたら、腹の骨を取ります。タチウオには真ん中にある小さな骨が一本もないので、腹の骨だけを取れば大丈夫です。

③❷を一口大に切り、小麦粉をまぶします。

④フライパンに油を引き、ニンニクのみじん切りをサッと炒めます。香りが出たら皮を下にした状態で❸を入れ、焦げ目がつくまでゆっくり焼きます。焦げ目がついたら、ひっくり返して同様に焼きます。

⑤❹が焼き上がったら、皮の方を下にして皿に載せ、ピザ用のソースを身の方にぬり、薄い輪切りにしたピーマンを載せ、とろけるチーズも少し載せます。

⑥❺にラップをせず、電子レンジでチーズが少し溶けるぐらいまで加熱します。フライパンの上で同様に焼いても構いませんが、一つ一つお皿に取り出すのが大変だと思います。ちょっとしたパーティーや、お魚があまりお好きでない方にもおすすめです。おしゃれに盛りつけても楽しいですよ。

\<レシピ ＝福本　育代\>
\<イラスト＝福本　桃子\>

タチウオのピザ風

パーティーにもおすすめ、タチウオのピザ風

魚行商のおかみさんレシピ ⑦ 横須賀佐島

ヒラメのフライ

ヒラメは5枚におろして調理しますが、以前にも紹介しましたので今回は省きます。簡単な方法として、お刺し身になっているものを使っていただくと便利です。

①ヒラメの刺し身を2枚用意します。
②刺し身と同じ大きさにバナナを薄く切り、刺し身に挟みます。
③❷に小麦粉、卵、パン粉の順に付け、180〜190度の油に入れて揚げます。

私はいろいろな果物（キウイ、リンゴ、バナナ）を入れて調理していますが、一

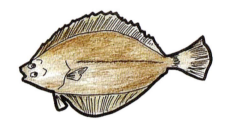

番おいしく感じるのがバナナです。

次は、フライに付けるソースを用意します。

お砂糖の入っていないヨーグルトの中に、とろけるチーズを入れ、500㍗の電子レンジで1〜2分加熱します。コクがあり、食べれば食べるほどおいしく感じます。

また、スパゲティのソースを同様に加熱して付けてもおいしくいただけます。ぜひ、お試しください。

＜レシピ ＝福本　育代＞
＜イラスト＝福本　倖子＞

フルーツとの相性が抜群、ヒラメのフライ

2016.1.20

魚行商のおかみさんレシピ ⑱ 横須賀佐島

ナマコの炊き込みご飯

今日はナマコ、炊き込みご飯を作りましょう。ナマコは冬場が旬。この時期ならでは一品です。

①頭と後部を切り取った上で縦に半分に切り、わたを取り出し、水洗いします。

②❶を薄く切ります。

③お米をとぎます。水加減は少なめにし、しょうゆ少々、隠し味程度の砂糖を入れます。

④❸の中に❷のナマコを入れ、炊き上げます。ナマコは決して硬くならず、また、とろけたりもしません。磯の味がして、とても美味です。しょうゆでなく、昆布茶を使ってもおもしろいです。とても簡単で、炊き込みご飯のレパートリー

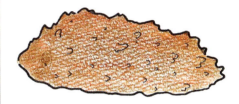

が広がりますので、ぜひ、お試しください。

ナマコは、塩でもんでぬめりを取るとよく言いますが、下手に取ると、ナマコ本体が傷ついてしまったり、硬くなったりしてしまいますので、ご注意ください。私はぬめりを取らず、そのまま調理しています。

<レシピ ＝福本　育代>
<イラスト＝福本　倖子>

簡単で美味、ナマコの炊き込みご飯

2016.1.27

魚行商のおかみさんレシピ ㉙ 横須賀佐島

スズキの照り焼き

今日はスズキです。これまでにカルパッチョや和風と洋風のムニエルの作り方を紹介しましたが、今回は照り焼きを作ります。

①スズキの頭とうろこを落とし、はらわたを取り除き、三枚におろします。

②腹の骨を取り、中骨の部分を切り取るようにして五枚にします。その上で、一口大の大きさに切ります。お刺し身の残りがあったら、それでも良いと思います。

③一口大の❷一つ一つに、かたくり粉をまぶします。塩などはつけず、かたくり粉だけで結構です。

④フライパンに油を引き、バターを少し入れ、❸を焼きます。焼き上がる寸前、フライパンに直に、しょうゆ、砂糖またはみりんを少し入れ、からませるようにします。これで、できあがりです。

照り焼きに大根おろしを少し載せると、大変おいしくいただけます。照り焼きをごはんの上に載せて、スズキの照り焼き丼にしてもお楽しみいただけます。ぜひ、お試しください。

<レシピ ＝福本　育代>
<イラスト＝福本　桃子>

ごはんとの相性も抜群、スズキの照り焼き

2016.2.3

魚行商のおかみさんレシピ ㊿ 横須賀佐島

スズキの酢の物

先週に続いてスズキ。今日は、ひと手間加えた酢の物を作りましょう。

①スズキの頭とうろこを落とし、はらわたを取り、三枚におろします。

②腹の骨を取り、中骨の部分を切り取るようにして5枚にします。

③❷に塩を振ります。大さじ1杯ずつ片面に振ります。

④2時間ほど置いたら塩を洗い流し、ペーパータオルで水気を拭き取ります。

⑤酢を用意します。お好みで、みりん、昆布1枚を入れ、❹を入れます。酢はスズキ全体が漬かるぐらい入れます。2～3時間漬け込んでおきます。

⑥ダイコンの皮をむき、できるだけ薄切りにして塩を少々振り、5分ほど置き水洗いします。ざるに揚げて水気を切り、ペーパータオルで拭き取ります。

⑦ワカメも用意します。生ワカメでしたらサッと湯にくぐらせて水で冷やし、ペーパータオルで拭き取ります。塩蔵ワカメなら水で戻すだけで大丈夫です。

⑧スズキを刺し身ほどに薄く切り、❻と❼を用意し、ダイコン→ワカメ→スズキ→ダイコンといった具合に挟み、いちょう切りで四つにします。その上に、ユズの皮のみじん切りを載せ、わさびとしょうゆでいただきます。オクラを切って載せ、彩りを楽しんでもいいでしょう。さっぱりとしていて、美味ですよ。

＜レシピ＝福本　育代＞
＜イラスト＝福本　桃子＞

ひと手間加えた逸品。スズキの酢の物

2016.2.10

魚行商のおかみさんレシピ 横須賀佐島 ㉜

新ワカメのあえ物

今日は、新ワカメ。あえ物を作りましょう。

①生ワカメを、サッとお湯にくぐらせます。一瞬で緑色になりますので、すぐにお湯から揚げ、水に入れて冷やします。

②❶の葉と茎の部分を分けます。茎の部分は別にして、取っておいてください。

③葉の部分を細く切ります。

④オクラを少しゆで、頭の部分を切り、薄くスライスします。

⑤❸と❹に、万能ネギのみじん切り、花がつお、白ごま（いりごま）を混ぜ合わせます。ポン酢やマヨネーズ、お好みのドレッシングで、召し上がってください。残ってしまっても、そのままみそ汁の具として使えます。

次は、取っておいた茎です。一口大に切って油揚げと煮ると美味ですが、簡単な方法として、めんつゆに漬けておいても良いです。ショウガのみじん切りを載せて、漬物の代わりに食べてもおいしいです。

茎を切らずに長いままで活用する方法もあります。水気をペーパータオルで拭き取り、みそに漬け込んでください。1〜2日間すると味が染み、おいしくなりますよ。

＜レシピ＝福本　育代＞

お酒にもごはんにも合う、
新ワカメのあえ物

2016.2.17

魚行商のおかみさんレシピ 横須賀佐島 (82)

マグロのタン塩風

今日はマグロのタン塩風です。マグロというと遠洋の冷凍もののイメージが強いですが、佐島でもカツオ一本釣りの漁師さんがキハダマグロを釣り上げたり、定置網にクロマグロがかかったりしています。今回は一風変わった料理に仕立てましょう。

①マグロを一口大の大きさに切ります。お刺し身の残りを活用しても大丈夫です。

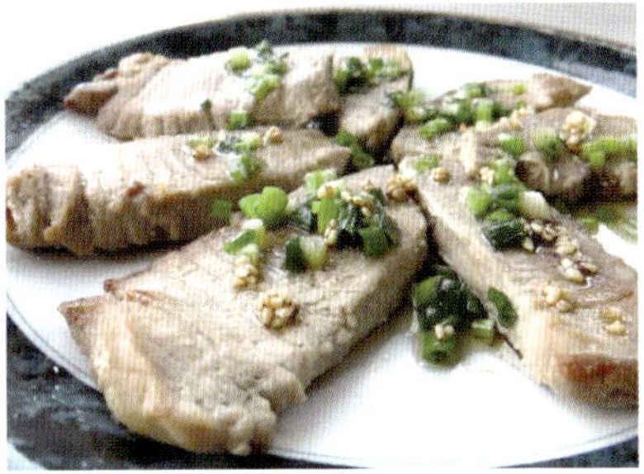

マグロのタン塩風 とても簡単で大変美味。

②タレを作ります。万能ネギのみじん切り、少し小さめのニンニクのスライス、ごま油少々、塩・こしょう・レモン汁それぞれ少々を混ぜ合わせ、作り置きしておきます。

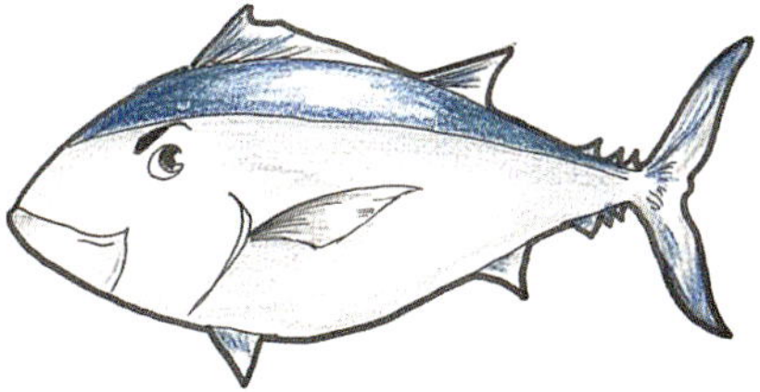

③フライパンに油を引き、マグロを焼きます。味付けは何もせず、焼けたマグロの上に❷のタレを載せ、いただきます。

マグロの身は、焼いたときに筋が溶けるので、尾の部分の方がおいしくなります。タン塩風はとても簡単で、大変美味です。ぜひ、お試しください。

＜レシピ　＝福本　育代＞
＜イラスト＝福本　倖子＞

2016.2.24

魚行商のおかみさんレシピ ㊸ 横須賀佐島

カマスのもち米団子

明日はひな祭り。桃の節句らしい一品を作りましょう。食材は、大衆魚のカマスです。

①カマスのうろこを落として三枚におろし、腹の骨と身の真ん中にある骨を取ります。

②❶を細かくします。スピードカッターを使っても、包丁で細かくたたいても結構です。すり身にまではしませんが、細かめにしてください。

③❷に卵、かたくり粉、塩少々を入れ、ハンバーグを作る要領で手でこね、粘りを出します。

④❸をウズラの卵ほどの大きさに丸めます。

⑤前後が逆になりますが、もち米の準

備です。前日の夜にもち米を洗い、朝まで一晩、水に浸します。

⑥もち米をザルにあけ、1時間ほど水を切ります。水気が切れたら、平らな器に入れます。

⑦団子状にした❹のカマスを、❻の器に入れて転がします。カマスにもち米が付いたら蒸し器に並べ、20分ほど蒸します。

3月3日の桃の節句に、紅白で作りましょう。お孫さんやお子さんに、大変喜んでいただけますよ。

＜レシピ＝福本　育代＞
＜イラスト＝福本　倖子＞

ひな祭りにぴったり。カマスのもち米団子

2016.3.2

魚行商のおかみさんレシピ 横須賀佐島 ㊴

イトヨリの蒸し焼き

白身で柔らかいイトヨリ。煮てもみそ漬けにしても美味ですが、きれいな色と模様をした魚ですので、今回はダイナミックに丸ごと蒸し焼きにし、楽しみたいと思います。

①イトヨリのうろこを落とし、えらとはらわたを取り除き、水洗いします。

②ペーパータオルで水気を拭き取り、ほんの少し塩を振ります。

③食卓に出す、お気に入りのお皿に❷のイトヨリを載せます。

④ラップをかけ、電子レンジで加熱します。イトヨリの大きさが250～300㌘ほどでしたら、500㍗で10分加熱します。大変きれいに、焼けると思います。

⑤たれを作ります。ポン酢に大根おろしを混ぜ合わせ、イトヨリの身に付け、いただきます。

電子レンジで蒸し焼きにするとき、季節の野菜やお好みの野菜を一緒に焼いてみてはいかがでしょうか。とても楽しくなります。

イトヨリはさほど脂がなく、とても軽いお魚です。離乳食のお子さまや胃の弱い方などにも、もってこいですよ。

＜レシピ ＝福本 育代＞
＜イラスト＝福本 倖子＞

色合いも楽しめるイトヨリの蒸し焼き

2016.3.9

魚行商のおかみさんレシピ ⑱ 横須賀佐島

イナダの特製ふりかけ

お刺し身でも洋風でも、何でも美味のイナダ。今日は、煮付けが余ったときにアレンジできる逸品、特製ふりかけを紹介します。

①イナダのうろこを落とし、2枚におろします。

②しょうゆ、砂糖、みりんで煮付けにします。

③❷が余ったら、骨から身をきれいにほぐします。煮汁もとっておきましょう。

④ほぐした身をフライパンに入れ、油を引かずにからいりします。

⑤白ゴマ（いりゴマ）、ピーナツ、クルミ、ショウガをまな板の上で細かくたたきます。ピーナツはお菓子に入っているものでも大丈夫です。クルミは、なければ結構です。

⑥❹に❺を入れ、味見をします。少し足りないようでしたら、煮汁を少しずつ入れ、できあがりです。

食べ残ったおせんべいを細かくして入れたり、シラスを入れたりすると歯ごたえも違います。味も面白くなりますよ。

＜レシピ ＝福本　育代＞
＜イラスト＝福本　倖子＞

煮付けの余りが一工夫で逸品に。
イナダの特製ふりかけ

2016.3.16

魚行商の横須賀佐島おかみさんレシピ (86)

サバの巾着揚げ

今日はサバ。一風変わった巾着揚げです。

①サバの頭を落として三枚におろし、腹の骨を取ります。真ん中にある小さな骨が気になる方は取り、皮をむきます。

②スピードカッターで❶を細かくします。

③長ネギ、ショウガ、ハスかゴボウを用意し、みじん切りにするか、スピードカッターで細かくします。とろけるチーズも細かくして入れます。

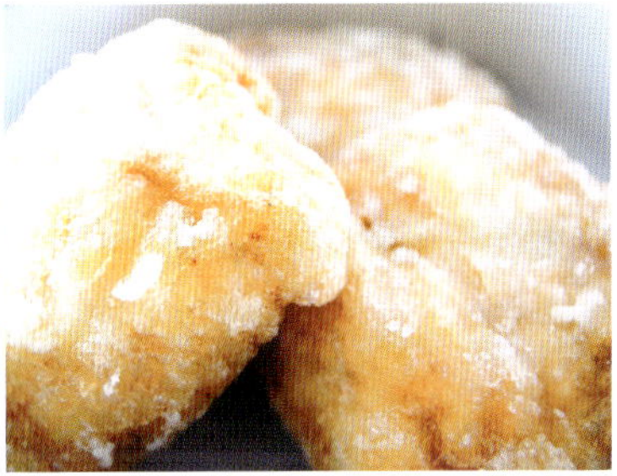

油揚げはパリパリ、中はフワフワ。意外性も楽しい、サバの巾着揚げ

④❷と❸をボウルに入れ、卵1個、かたくり粉、少々の塩を入れます。

⑤ハンバーグを作るように、❹を混ぜ合わせます。

⑥油揚げ1枚を半分に切ってさっとゆで、油抜きします。

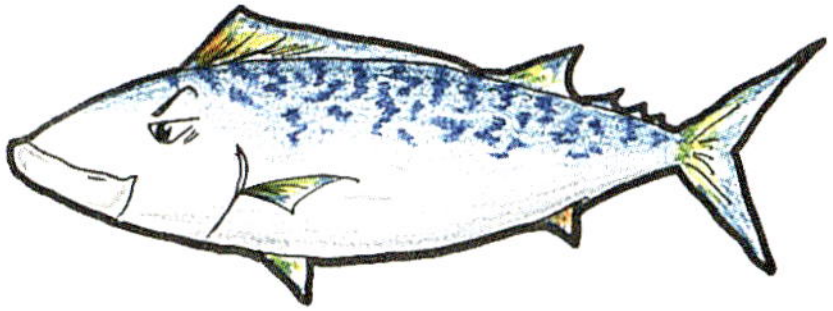

⑦❻の油揚げを開き、❺を入れます。火の通りが悪くなってしまうので、厚さは薄切りのパンぐらいにしてください。

⑧❼にかたくり粉をまぶし、180度の油でゆっくり揚げます。

油揚げはパリパリ、中はフワフワで、ポン酢でいただくと大変おいしいです。冷めてしまったときは、しょうゆ、みりん、かたくり粉でとろみをつけたあんを作り、あんかけにしても美味です。薄味で煮てもよいでしょう。いろいろとお試しください。

<レシピ　＝福本　育代>
<イラスト＝福本　倖子>

2016.3.23

魚行商のおかみさんレシピ ㊼ 横須賀佐島

マダイの和風ムニエル

マダイは今、脂が少しずつ乗ってきています。お刺し身、タイめし、塩焼きなどももちろん美味ですが、今回は季節を取り入れた和風の料理を紹介します。

①タイのうろこを取って頭を落とし、三枚におろします。

②切り身の真ん中にある小骨を抜くか、小骨の部分を切って取り除きます。

③❷を7㌢ほどの大きさに切り、塩をほんの少し振っておきます。

④ワカメをまな板の上に広げます。乾燥ワカメでも結構ですが、水で戻してから広げてください。

⑤❹の上に❸を置き、ティースプーン半分ほどの昆布茶をまんべんなくかけ、ワカメを巻きます。

⑥❺を一口大に切り、アルミホイルの上に載せます。ホイルは長めに切っておいてください。

⑦桜の塩漬けを水で戻し、ワカメで巻いたマダイの上に3、4枚載せ、ホイルでくるくると巻きます。

⑧❼のホイルの端をつまみ、水が入らないように合わせ目を上にしてフライパンに入れます。

⑨フライパンに水を少し入れてふたをし、3、4分蒸したらできあがりです。

ホイルを開けると桜の香りがして春を感じます。ワカメも春に採れる海藻ですので、ぜひ、お試しください。

＜レシピ＝福本　育代＞
＜イラスト＝福本　倖子＞

季節感抜群、マダイの和風ムニエル

2016.3.30

魚行商のおかみさんレシピ 横須賀佐島 ⑧⑧

ユニークな形と巨体が特徴のマンボウ。最近はスーパーなどでも切り身にして売っているところがあります。新鮮ならばお刺し身でいただくのもオススメですが、今日は肝あえに仕立てましょう。

①マンボウの切り身を裂きます。簡単に、手で裂くことができます。この状態で、ポン酢やわさびじょう油で食べても美味です。食感は、イカが柔らかくなったような感じです。

②❶をゆでます。お湯が沸騰してから3分ほどで上げ、さっと水洗いし、水気を切ります。

③マンボウの肝を洗い、少し粗めに切っておきます。

④フライパンに油を引かずに❸を入れ、いります。

⑤いっている肝から脂が出てきたら、みそ、みりんか砂糖を入れ、お好みの味に調えます。少し甘めの方が、おいしく感じます。

⑥フライパンに❷の身を入れ、❺の肝と絡ませるように混ぜ合わせます。

⑦お皿に❻を盛り、万能ネギのみじん切りを散らします。見た目がきれいで、香りも楽しめます。ちょっと珍しいマンボウの料理ですが、勇気を出して試してみてはいかがですか。

マンボウの肝あえ

おつまみにもおかずにもばっちり。マンボウの肝あえ

＜レシピ　＝福本　育代＞
＜イラスト＝福本　倖子＞

2016.4.6

魚行商のおかみさんレシピ 横須賀佐島 (89)

ヤリイカの煮付け

今、ヤリイカが子どもを持っている時期です。子持ちのヤリイカを煮ると、イカめしのように膨らみ、とてもおいしいです。今日は、ヤリイカの煮付けを作りましょう。

①ヤリイカの胴体の一番下側から頭の方に向け、1～1.5センチ切ります。切るのは、透明な軟甲（軟骨のようなもの）がある側の反対側です。

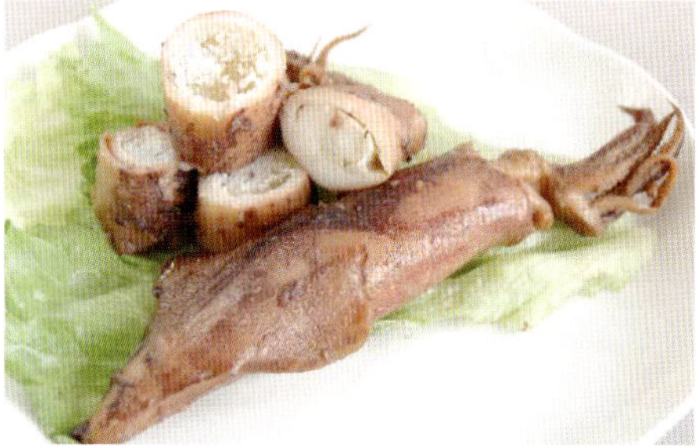

この時期だけの逸品、子持ちヤリイカの煮付け

②❶の切り口からスミの袋が見えますので、破らないようにつまんで取り出します。こうすると、胴体の中にある子を崩さずに済みます。足は取りません。

③酒、しょうゆ、みりんまたは砂糖を鍋に入れてお好みの味加減にし、❷を煮ます。

④イカが煮えたら、軟甲を引っ張って

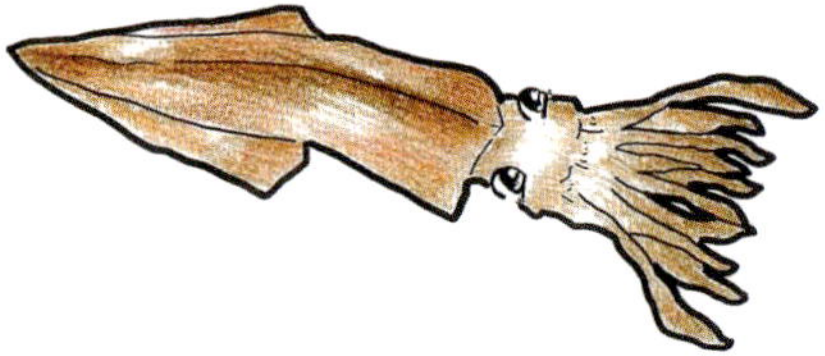

取り出します。火を通してからだと、子が固まるので、流れ出る心配はありません。

⑤食べやすい大きさに❹を切り、召し上がってください。

この時期にだけ楽しめる逸品です。ぜひ、お試しください。

＜レシピ　＝福本　育代＞
＜イラスト＝福本　倖子＞

2016.4.13

魚行商のおかみさんレシピ ⑩ 横須賀佐島

スミイカのオイル炒め

スミイカ（コウイカ）の身には厚みがあります。胴体にしっかりとした甲があるためです。

①スミイカの皮を切ります。ふたを開けるように皮を開くと、白い甲が見えます。

②甲を取ると足や臓物があります。頭の方に向けて引っ張り上げると、簡単に取れます。

③胴体の皮をむきます。

④目の上から足を切り、トンビと呼ばれる口も取ります。足の皮はむきません。

⑤胴体を短冊切りにし、足を二つぐらいに切り、水で洗います。

⑥キュウリを短冊切りにし、お皿の上にパラパラと散らしておきます。

⑦フライパンにオイルを入れ、厚めに

スライスしたニンニクと輪切りにしたタカノツメを少し入れ、さっと火を通します。

⑧ニンニクの香りがしてきたらスミイカを入れ、塩を小さじ半分入れ、手早く炒めます。炒めすぎると硬くなってしまうので、気をつけてください。

⑨炒めたスミイカが熱いうちに❻のキュウリの上にオイルごと入れ、キュウリと混ぜて召し上がってください。簡単でおいしいオイル炒めのできあがりです。

<レシピ　＝福本　育代>
<イラスト＝福本　倖子>

香ばしくておいしい、スミイカのオイル炒め

2016.4.20

魚行商のおかみさんレシピ 〈横須賀佐島〉91

シラス丼

3月にシラス漁が解禁になり、佐島でも水揚げされています。取れたてのシラスは生でもおいしく、もちろん、釜揚げでも大変おいしくいただけます。

シラスはスーパーでもパックに入って売っているので簡単に入手できます。一度で食べきらないときに、ひと手間を加えるだけで、おいしいシラス丼ができます。

ひと手間でおいしく、シラス丼

①フライパンにほんの少し油を引いてシラスを入れ、からいりするような感じで、弱めの火でいります。

②シラスがバチバチと生きているかのようにはねたら、火を止めます。

③丼にご飯を入れ、昆布茶を少々振ります。

④細かく切った味付けのり、みじん切りにしたミツバも載せ、白いいりごまを振ります。

⑤❹の上に❷のシラスをのせたら出来上がりです。塩気が足りないようでしたら、しょうゆをさっとかけてもよいでしょう。簡単でおいしいシラス丼。ぜひ、お試しください。

<レシピ ＝福本　育代>
<イラスト＝福本　倖子>

2016.4.27

魚行商のおかみさんレシピ ㉜ 横須賀佐島

カンパチのコロコロサラダ

今日はカンパチ。かわいくておいしい、コロコロサラダを作りましょう。

①カンパチのうろこを落とし、三枚におろします。

②❶の尾の方から包丁を入れ、皮をむきます。

③身の真ん中にある骨も切って五枚にし、5㍉ぐらいの角切りにします。

④野菜を用意します。黄色いピーマンとキュウリを小さめの角切りにし、ミニトマトは半分に切ります。タマネギはみじん切りにします。

⑤❹の野菜と❸のカンパチをまぜ合わせ、フレンチドレッシングをかけたら出来上がりです。

サラダとしてそのまま食べてもおいしいのはもちろん、ご飯に載せたり、パンに挟んだり、スパゲティに載せたりしても美味です。

気温が上昇するこれからの時期には、冷やし中華の具として使っても良いですよ。いろいろと楽しめますので、ぜひ、お試しください。

＜レシピ ＝福本　育代＞
＜イラスト＝福本　倖子＞

かわいくて美味で応用も利く、カンパチのコロコロサラダ

2016.5.11

魚行商のおかみさんレシピ ㊼ 横須賀佐島

タチウオとフキのフライ

今日はタチウオ。一風変わったフライを作ります。

①タチウオを三枚におろし、腹の骨を取ります。腹の骨を取れば、他には一本も骨がありません。

②❶のタチウオの身を、10㌢ほどの長さに切ります。

③フキを用意し、生のまま皮をむきます。

④フキに斜めに包丁を入れ、できるだけ薄く切ります。長さは、タチウオの身の高さに合わせてください。

⑤❹のフキを❷のタチウオで巻きます。かっぱ巻きのキュウリがフキ、ご飯とノリがタチウオのようなイメージでくるくると巻き、つまようじで留めます。

⑥❺に小麦粉、卵、パン粉を順々に付け、油で揚げます。

⑦マヨネーズとわさびを混ぜ合わせてソースを作り、❻のフライを付け、召し上がってください。

フキのシャキシャキ感がタチウオにマッチした初夏の味わいで、とても美味です。ぜひ、お試しください。

＜レシピ ＝福本　育代＞
＜イラスト＝福本　桃子＞

初夏の味わい、タチウオとフキのフライ

2016.5.18

魚行商のおかみさんレシピ 横須賀佐島 ㊾

イナダの3色揚げ

今日はイナダ。和洋中、いずれの食材としても良いお魚で、これまでに磯辺焼き、グラタン風、春巻き、特製ふりかけなどの作り方を紹介してきました。今回は、３色揚げを作りましょう。

①イナダのうろこを落として三枚におろし、皮をむきます。

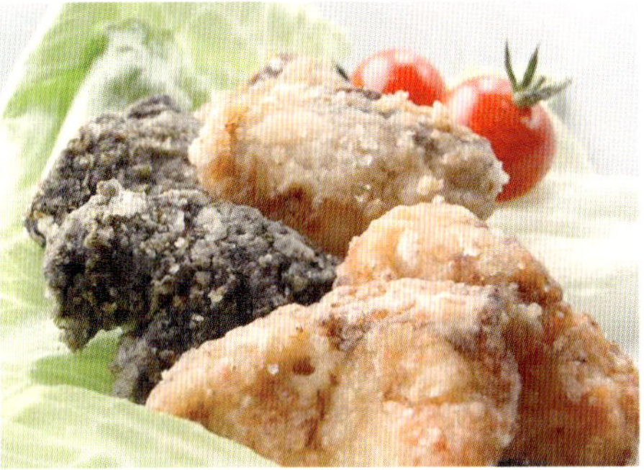

バリエーションが楽しい、イナダの３色揚げ

②身の真ん中にある骨も切り取って半身をさらに半分にし、五枚にします。お刺し身用に切ってあるものを使っても結構です。

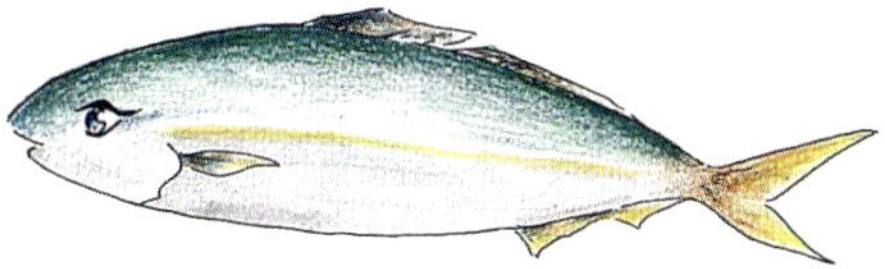

③イナダをめんつゆに漬けます。この時期のイナダは脂がないので、30分ほど漬ければ大丈夫です。脂が乗っているときは、漬ける時間を長くします。

④海苔、いりゴマ、豆板醤を用意し、❸のイナダにそれぞれよくからめます。

⑤❹に片栗粉をまぶし、油で揚げたらできあがりです。

おつまみにもおかずにもばっちりの一品。３種類をごはんに載せ、３色揚げ丼にしても面白いですよ。

＜レシピ　＝福本　育代＞
＜イラスト＝福本　倖子＞

2016.5.25

魚行商のおかみさんレシピ ⑨⑤ 横須賀佐島

トビウオのさつま揚げ風

トビウオは少し骨っぽいお魚ですが、細かくたたいたりすることで、ねっとりします。上品な味で、大変おいしいお魚です。今日は、さつま揚げ風に仕立てましょう。

①うろこを落とし、羽のような胸びれのすぐ横から頭を落とします。

②三枚におろし、腹の骨を取ります。大きいトビウオでしたら、身の真ん中にある骨も取り除きます。

③フードプロセッサーで、❷を細かくします。

④溶けるタイプのチーズを細かく切ります。分量は、トビウオ250㌘に対して、チーズ1枚程度の割合です。

⑤マヨネーズ大さじ1杯、ショウガのみじん切り少々、小ぶりの新タマネギ4分の1個、塩少々、片栗粉を用意し、❸のトビウオ、❹のチーズとともに混ぜ合わせます。ハンバーグをこねるような要領です。

⑥❺をお好みの大きさにし、フライパンに油を引き、こんがりと焼きます。油で揚げても結構です。火を通すとチーズが溶けてきますので、あまり長く焼かずに済むよう、大きさと厚さを調整してください。チーズがよく合い、子どもたちも大喜びの一品です。

＜レシピ＝福本　育代＞
＜イラスト＝福本　倖子＞

チーズの味わいが面白い、トビウオのさつま揚げ風

2016.6.1

魚行商のおかみさんレシピ (96)

横須賀佐島

カマスの煮付け

今、佐島ではカマスが水揚げされています。カマスというと塩焼きやムニエルが一般的だと思われるでしょうが、私はお客さまから「簡単にできるオススメの料理は？」と尋ねられると、煮付けを薦めています。「え?!」と驚かれますが、「意外にフワっとしていて、おいしかった」という反応を頂きます。そこで、今日はカマスの煮付けにしてみました。

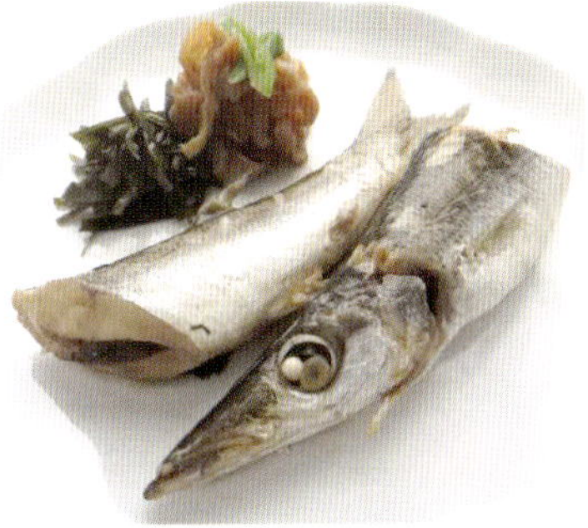

カマスの煮付け。奥側は、煮汁に入れていた昆布と、煮汁を活用して作った切り干し大根

①カマスのうろこを落とし、えらとはらわたを取り除きます。大きいものでしたら、二つに切ります。

②しょうゆ、水または酒、みりん、砂糖、10センチぐらいに切った昆布を鍋に入れます。煮汁は、なるべく薄味にした方がよいでしょう。

③❷の鍋に❶のカマスを入れて煮ます。煮えたらお皿に盛り付けます。一緒に煮た昆布を細かく切り、食べても美味です。

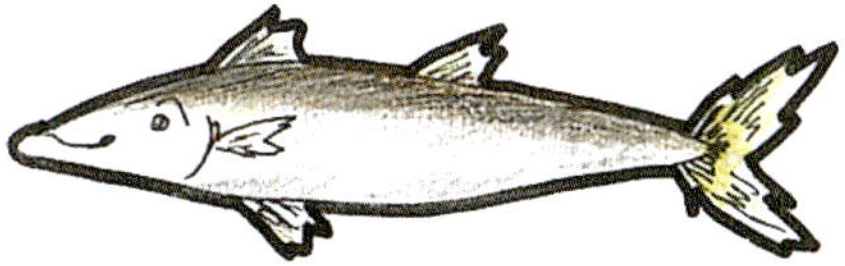

煮汁は捨てずに、少し薄めて切り干し大根を煮てもよいですし、ひじきを煮る際のだし汁に使ってもよいです。カマスの煮付けに添えても、ばっちりです。ぜひ、お試し下さい。

＜レシピ　＝福本　育代＞
＜イラスト＝福本　倖子＞

2016.6.8

魚行商の おかみさんレシピ 横須賀佐島 (97)

イシモチの和風あんかけ丼

　今日はイシモチ。和風あんかけ丼を作りましょう。

　①イシモチのうろこと頭を取り、三枚におろします。

　②腹の骨を落とします。身の真ん中にある骨は抜くか、切って取り除きます。

　③❷を一口大に切って塩を振り、片栗粉をまぶし、沸騰したお湯の中に入れてゆでます。

　④５分ほどしたら取り出し、氷水の中に入れます。身と身が付かないように気をつけましょう。

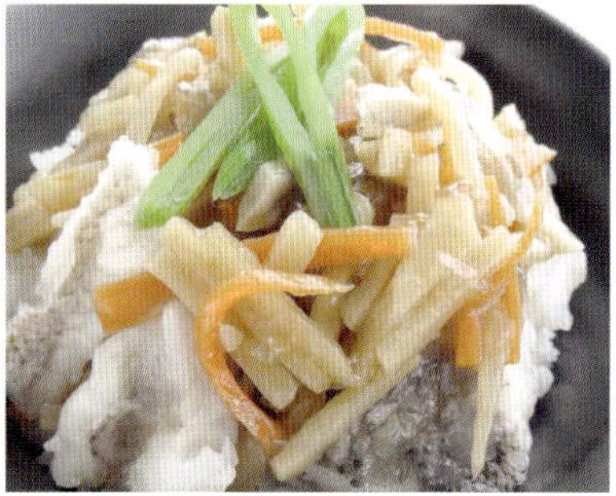

彩りも楽しい、イシモチの和風あんかけ丼

　⑤野菜を用意します。モヤシはそのまま、ニンジン、タケノコ、マイタケをそれぞれ千切りにします。筋を取り、少量の塩を入れてゆでたキヌサヤも千切りにします。

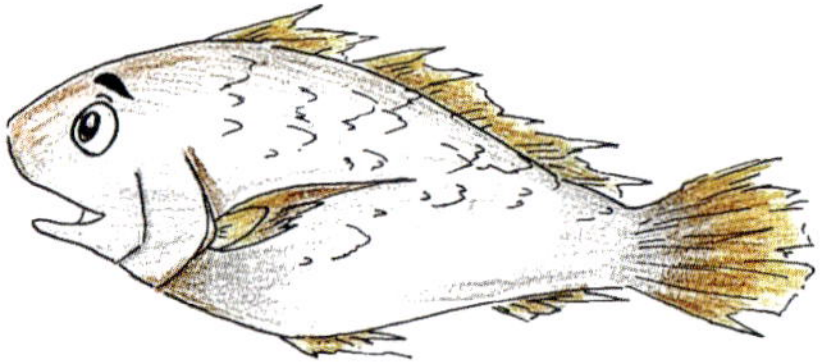

　⑥キヌサヤ以外の野菜をサラダ油でさっと炒めます。歯応えが残るように、火を通し過ぎないよう気をつけます。

　⑦あんの味付けはめんつゆを使ってお好みの味加減にし、最後に片栗粉でとろみをつけます。

　⑧ご飯の上に、イシモチ、あんかけ、キヌサヤの順に載せ、できあがりです。イシモチを野菜と一緒に炒めると、魚の身は崩れますが食べやすくなり、小さいお子様や年配の方には良いと思います。

＜レシピ　＝福本　育代＞
＜イラスト＝福本　倖子＞

2016.6.15

魚行商のおかみさんレシピ　横須賀佐島 (98)

サザエのピラフ風

今回はサザエのピラフ風です。

①サザエを殻ごと水で洗います。

②鍋にサザエと水を入れます。水の量は、サザエが覆われるぐらいです。

③鍋に塩を入れ、ゆでます。150グラム程度のサザエでしたら、沸騰してから10分ほどゆでます。

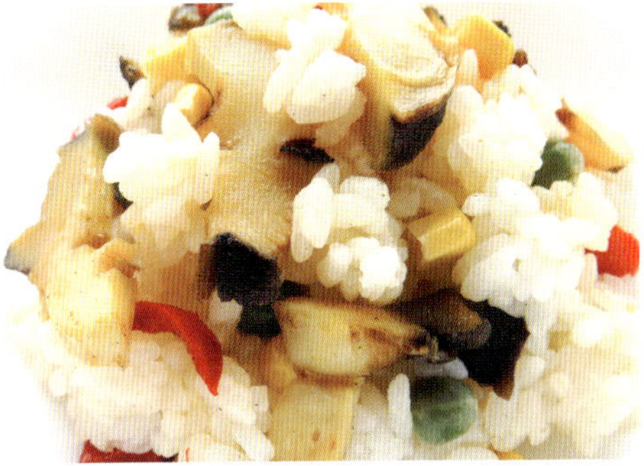

ニンニクの風味が絶妙、サザエのピラフ風

④ゆでたサザエを鍋から出し、殻から身を取り出します。

⑤サザエの身からしっぽを切り落とし、身を縦に半分に切ります。

⑥身の真ん中辺りにある苦い部分を取り除き、お好みの大きさに切ります。

⑦フライパンにバターと大きめにスライスしたニンニクを入れ、香りが出るまで炒めます。

⑧5ミリぐらいの角切りにした赤いピーマン、コーンとグリーンピースを❼のフライパンに入れ、お好みで塩とこしょうを少々入れて炒めます。

⑨❻のサザエを❽に入れ、他の具材と混ざる程度にサッと炒めます。サザエはゆでてあるので、炒めすぎないようにしてください。炒めすぎると、硬くなってしまいます。

⑩温かいご飯に❾の具材を混ぜたらできあがりです。ポイントは、サザエを炒めすぎないことと、ご飯は炒めず、具と混ぜ合わせるだけにすることです。彩りもよく、おいしい一品です。

＜レシピ　＝福本　育代＞

2016.6.22

魚行商のおかみさんレシピ 横須賀佐島 ⑨

小イワシの唐揚げ

佐島では今、小さなイワシが水揚げされています。今日は、唐揚げを2種類作ります。

①イワシの頭を取って三枚におろし、腹の骨を取ります。身の真ん中にある小さな骨は、そのままでも気になりません。皮もむかないで結構です。

②水で❶を洗いペーパータオルで水気を拭き、塩をほんの少し振ります。塩を振ることで、魚の身が締まります。

③❷のイワシと大葉のみじん切り、マヨネーズをボウルに入れ、少し混ぜ合わせます。マヨネーズを入れることでフワッとできあがります。マヨネーズの量はイワシ100㌘に対し小さじ1杯です。

④❸のイワシ1枚ずつに片栗粉を付け、フライパンに少し多めに油を引いて焼きます。火が強いと焦げてしまうので、中火で焼いてください。

それでは、2品目です。

❷の水気を拭き取るところまでは同じですが、塩とともに昆布茶も振り、同様に焼き上げたら大根おろしとポン酢で召し上がってください。さっぱりしていて、これからの季節、食が進みます。安くておいしい料理のできあがりです。

なお、新しいイワシは手では裂けませんが、1日おくと手で簡単にさばけ、下処理ができます。手間が省けますよ。

＜レシピ ＝福本　育代＞
＜イラスト＝福本　倖子＞

安くておいしい小イワシの唐揚げ。大葉とマヨネーズを入れた一品（左）と昆布茶を振ったパターン（右）

2016.6.29

魚行商のおかみさんレシピ ⑩ 横須賀佐島

カツオのユッケ風

今、カツオがたくさん水揚げされています。一風変わったユッケ風に仕立てましょう。一般のご家庭ではカツオを1本買うことは少ないと思いますので、さくになり皮もむいてあるカツオを使います。

①カツオのさくをまな板の上で小さく切り、少したたきます。

②❶をボウルに入れ、ごま油、すりごま、コチュジャンを入れ、一度軽く混ぜます。

③❷に万能ネギのみじん切り、すりおろしたニンニクとショウガを入れます。

④隠し味程度にしょうゆ、みりん、砂糖を少し❸に入れ、よく混ぜ合わせたら器に盛り付けます。

⑤カツオの量に合わせ、ウズラの卵か鶏卵を入れます。鶏卵の場合は、黄身だけを入れます。

卵を入れるとまろやかな味になりますが、私は入れない方が味にパンチがあって好きです。仕上げにきざみのりを散らしても良いです。ご自由にご自分の味にトッピングし、楽しんでください。暑くなるこれからの時期に、簡単でおいしく、スタミナ抜群のカツオのユッケ風です。ぜひ、お試しください。

皆さまのおかげで100回目を迎えました。残念ですが、今回で終了させて頂くことになりました。長い間、ありがとうございました。

<レシピ ＝福本　育代>
<イラスト＝福本　倖子>
　　　　　　＝おわり

簡単でおいしく、スタミナ抜群。カツオのユッケ風

2016.7.6

魚介類を食べて健康になろう!!

　総務省が行っている家計調査によると、一世帯あたりの魚介類消費量の全国平均は、年間約38キログラムとなっています。最も魚介類消費量が多いのは青森県で約62キログラムと全国平均の2倍近くを消費しています。1日あたりにすると、約170グラムの魚介類を食べていることになります。また、秋田県、鳥取県、新潟県、富山県と日本海側の地域が魚介類消費量の上位を占めています。

　一方で、日本全体の魚介類の消費量は年々減少傾向にあり、平成18年には肉の消費量を下回っています。昭和40年代に消費量第1位であったアジやイカ、サバの消費量は減少傾向にあり、サケやマグロ、ブリは消費量が増えています。

　魚は、1尾を丸ごとさばくとなると、鱗を取り、エラを取り、内臓を取り、3枚や5枚におろすという手間がかかるために敬遠されがちですが、最近は切り身や刺身、調理済みお惣菜として手軽に購入することもできます。料理すると生臭さが残ると感じる方もいるかもしれませんが、さっと茹でてから煮る、氷でしめる、酢に漬ける、香味物と合わせるなど、ちょっとした工夫で美味しくいただくことが出来ます。

　「おかみさんレシピ」は、日常的にスーパーや小売店で目にするアジやイワシ、イカ、タコ、サザエなど、お馴染みの魚介類から、カワハギ、トビウオ、アンコウ、ホウボウなど、普段あまり手にしない魚介類まで様々な魚介類を取り上げたレシピ集となっています。また、神奈川県三浦半島で春先にしかとれない粘りが特徴的な海藻のアカモクや、高級食材であるアワビやイセエビなども紹介しています。

　魚介類には、肉や大豆製品には含まれていない様々な栄養成分が含まれており、健康維持増進のためにも是非摂取してほしい食品で

関東学院大学　栄養学部准教授　菅　洋子

す。魚に含まれる脂肪分は、不飽和脂肪酸と呼ばれ、体内で良い働きをします。特にＥＰＡ（エイコサペンタエン酸）やＤＨＡ（ドコサヘキサエン酸）という成分は、高血圧や動脈硬化の予防に期待ができる働きをします。ＥＰＡは、血栓予防や抗炎症作用にも効果が期待できる成分であり、マイワシやサバ、ブリ、サンマなど、青魚や脂がのった魚に豊富に含まれています。刺身やホイル焼きなど、出来るだけ脂が残るような調理法が良いですが、煮たり焼いたりしても成分がなくなってしまうわけではありません。ＤＨＡは、脳や神経の発達に関係しているほか、コレステロール値を正常に保つなどの働きもあります。

メザシやシラス、ワカサギといった小魚には多くのカルシウムが含まれているため、成長期の骨の発達や高齢期の骨粗鬆症の予防に役立ちます。ビタミンDは、摂取したカルシウムが体内で骨になる際にも必要とされる成分ですが、サケをはじめとする多くの魚には、ビタミンDも豊富に含まれています。

栄養ドリンクなどにも配合されていることでよく知られているタウリンは、体内で重要な役割をするアミノ酸の一種ですが、人の場合、体内での合成能力が低いので、イカ、タコ、貝類、エビ、カニなど、タウリンを多く含む魚介類から摂取したいものです。タウリンには、肝機能を高める、コレステロール値を下げる、動脈硬化を予防する、血圧を下げるなどの効果があります。

この他にも、魚介類には、ミネラルやビタミン、たんぱく質など様々な栄養成分が豊富に含まれています。本学の学生が「おかみさんレシピ」の良さを栄養面でさらに引き立てる副菜を考案し、次頁から紹介しています。是非、積極的に魚介類を食べましょう。

サザエのピラフ

メニュー
・サザエのピラフ
・トマトとバジルのサラダ
・コンソメスープ
・パンナコッタ

栄養価
エネルギー710kcal
炭水化物93.1g
たんぱく質22.5g
脂質26.9g
食塩相当量1.4g

トマトとバジルのサラダは、トマトにちぎったバジルをのせて、イタリアンドレッシングなど、お好みのドレッシングをかけるだけ!!
パンナコッタは、牛乳、生クリーム、砂糖を合わせて火にかけ、沸騰直前に水でふやかしたゼラチンを加え、冷やし固める。手作りデザートは甘さを調節できます！

サザエの栄養素について

　サザエにはビタミン・ミネラル類がバランスよく含まれ、貝類のなかではたんぱく質（100gあたり19.4g）も多い方です。なかでも含硫アミノ酸の一種であるタウリンの含有量はトップクラスです。タウリンには胆汁酸やインスリンの分泌促進作用、血圧を正常に保つ作用、血中の悪玉コレステロールを下げて善玉コレステロールを増やす作用、心筋の働きを正常に保つ作用などがあります。

　さらに、サザエはアルギニンの含有量も100gあたり1600mgと魚介類ではトップクラスです。アルギニンには成長ホルモンの分泌を促進する作用、免疫力を向上させ感染症を予防する効果、狭心症、うっ血性心疾患、末梢血管疾患、勃起不全などに対しても有効性が示されています。

　効果効能をまとめると、免疫力向上、滋養強壮、高血圧の予防改善、動脈硬化の予防改善、高脂血症の改善、肝機能の改善、うっ血性心不全の改善、血糖値の低下作用、糖尿病の予防改善等です。

献立について

　サザエには、塩分やヨウ素が多いため野菜でカリウムを摂取し、排泄を促す効果があるものを献立に入れることでバランスを良くしました。

　またパンナコッタに含まれる牛乳はカルシウム、骨量の維持を行うので、更年期や成長期のお子様におすすめの栄養素です。

関東学院大学　人間環境学部
健康栄養学科　橋本佳也乃

スズキのムニエル

メニュー
・ごはん
・スズキのムニエル
・かぼちゃのハニーマスタード
・ミネストローネスープ

栄養価
エネルギー691kcal
炭水化物94.9g
たんぱく質27.2g
脂質21.3g
食塩相当量2.0g

かぼちゃのハニーマスタードは、レンジで加熱したかぼちゃに、ハニーマスタード（蜂蜜＋粒マスタード）をかけるだけ！
ミネストローネスープは、トマト水煮缶、人参、じゃがいも、玉葱などの野菜に、マカロニや豆を加え、塩・コショウ、コンソメなどで味付けします

スズキとかぼちゃの食べ合わせの良さ

スズキには、ビタミンB1、ビタミンB2、ビタミンD、ビタミンK、鉄分が豊富に含まれています。特に鉄分がとても豊富です。かぼちゃは、β－カロテン（ビタミンA）が豊富なほか、ビタミンB1、ビタミンB2、ビタミンC、カルシウム、カリウム、鉄分などをバランスよく含んでいるとても栄養面で優れた野菜です。

スズキに含まれるビタミンDは、かぼちゃに含まれるカルシウムの吸収を助ける働きがあります。さらに、かぼちゃに含まれるビタミンCは、かぼちゃ自身に含まれる植物性の鉄分の吸収を助け、スズキに含まれる鉄分は、スズキ自身の動物性たんぱく質によって利用効率が上がります。この2つの食品が、骨と血をつくる働きをUPさせてくれます。

かぼちゃには体にうれしい働きが他にもたくさん！

かぼちゃに含まれるカリウムは、ナトリウムを排泄する役割があるため高血圧の予防が期待されます。β－カロテンには、体を酸化から守る抗酸化作用のほか、粘膜などの細胞を強化して免疫力を高める働きもあります。さらにかぼちゃには、β－カロテンに加えて、ポリフェノールやビタミンC、ビタミンEなどの抗酸化作用のある成分が豊富に含まれているので、おすすめです。冬至にかぼちゃを食べる習慣は、この抗酸化作用や免疫力を高めることで風邪の予防になることが期待されているからです。このβ－カロテンは、皮に豊富なのでできるだけ皮も食べるとよいでしょう。

関東学院大学　人間環境学部
健康栄養学科　小瀬村来斗

タコ飯

メニュー
- たこ飯　・茶碗蒸し
- ブロッコリーの
　わさびマヨネーズ
- ようかん

栄養価
エネルギー564kcal
たんぱく質31.3g
脂質12.3g
炭水化物79.7g
食塩相当量3.3g

タコにはこんな栄養も!!!

"動脈硬化予防、眼精疲労緩和、肝機能強化、高血圧予防、美肌効果"

　タコのタンパク質の量はイカよりやや多い程度ながら、良質で高栄養・低カロリーの食材です。加えて脂質・糖質の代謝にすぐれたビタミンB2も、他の魚の2〜5倍と大変豊富に含まれています。

茶碗蒸しは実は、、、!!

　具材が多くアレンジしやすいことや定番の鶏肉やえびは高たんぱく低脂肪で栄養面での相性も良いです。だしを濃くすることで塩分を抑えられ、油も使用しないので卵料理の中では健康に良い料理いと言われています。

　卵黄はコレステロールが多いが、たんぱく質、カルシウム、ビタミンB群・D・Eが豊富で栄養価が高いです。卵白は全体的な栄養値は低いが、カロリーが非常に低く、たんぱく質とビタミンB2が豊富に含まれています。

ブロッコリーを食べると免疫力がつきます!!!

"がん、シミ、ソバカスや老化の防止、風邪の予防"

　ブロッコリーは、大変栄養的にすぐれた野菜で、生のブロッコリーのビタミンCはレモンの2倍も含まれています。ブロッコリーにはカリウムなどのミネラル分も豊富ですが、ビタミンCの含有量は抜群で、キャベツの約3〜5倍です。

　好まれて食べられるのは花蕾という、つぼみの集まった部分ですが、茎や葉の部分にも栄養があり美味しく食べられるので捨てずに食べたいものです。

関東学院大学　人間環境学部
健康栄養学科　荒木　幸

タチウオのホイル焼き

メニュー
- ご飯
- タチウオのホイル焼き
- きゅうりとわかめの酢の物
- じゃがいもと玉ねぎの味噌汁

栄養価
エネルギー607kcal
たんぱく質18.7g
脂質23.1g
炭水化物77.0g
食塩相当量3.9g

タチウオって!?!?!?

　タチウオは年間を通して味が良く、特に夏が安定して脂がのっている魚です。たんぱく質より脂質の方が多い珍しい魚で、他にも、さんまやうなぎ、ギンダラ、マグロの脂身なども同じ部類です。脂質が多いと聞いて、食べるのを控えようと思う方もいらっしゃると思いますが、そんなことありません。脂肪酸の約30％がオリーブオイルなどと同じオレイン酸であり、オレイン酸はLDL（悪玉）コレステロールを下げる作用があるため、動脈硬化の予防、高血圧の予防、心疾患の予防などに効果が期待できると言われています。

ご飯と味噌汁の組み合わせ

　ご飯はエネルギー源となる炭水化物を中心にビタミンやミネラル、食物繊維が含まれているため、栄養バランスに優れた食品です。また、体内でたんぱく質を合成する大切な栄養素で、食品からしか摂取できない必須アミノ酸も豊富に含んでいます。
　しかし、炭水化物は、メチオニンをとても多く含む食品でありますが、リシンがほとんど含まれていません。逆に大豆食品はリシンをとても多く含む食品でありますが、メチオニンがほとんど含まれていません。そこで、炭水化物のご飯と大豆製品（味噌）を使った味噌汁を組み合わせることによって、それぞれが欠けているところを補い合うことができます。

関東学院大学　人間環境学部
健康栄養学科　佐藤　彩夏

しらす丼

メニュー

・しらす丼
・冷奴
・澄まし汁

栄養価
エネルギー695kcal
炭水化物99.3g
たんぱく質32.7g
脂質15.7g
食塩相当量4.5g

しらすの栄養価

　しらすは、骨や内臓もすべて食べられるので捨てるところがない分、栄養価も高く、特にカルシウムが豊富に含まれています。

　カルシウム以外にも、魚特有の脂肪であるDHAやEPAも多く含まれているため、高血圧や動脈硬化の原因と血中コレステロールを減らすなど、血液さらさら効果も期待できる非常にからだに良い食品です。また、しらすは離乳食を始めた赤ちゃんや、歯があまり丈夫ではないお年寄りの方も安心して食べられます。

大豆と一緒にとることで良い事がいっぱい

　今回の献立にも含まれている冷奴は大豆が原料の豆腐を用いて作る料理です。この大豆と魚の食べ合わせはとてもからだにいいと言われています。大豆に含まれるサポニンが脂肪を燃やし、血中コレステロールを下げてくれます。これは魚に含まれるEPAにも同様の効果があり、一緒にとることで相乗効果が期待できます。さらに、豆腐のビタミンEが血行を促進するので魚に含まれる脂肪もスムーズに分解、燃焼してくれます。とてもヘルシーなのでダイエットにもおすすめの組み合わせです。

関東学院大学　人間環境学部
健康栄養学科　細井悦子

アジのチーズコロッケ

メニュー
・ご飯　・アジのチーズコロッケ
・付け合せ（キャベツ、
　プチトマト、ブロッコリー）
・なめこと豆腐の味噌汁

栄養価
エネルギー679kcal
たんぱく質29.8g
脂質26.2g
炭水化物78.2g
食塩相当量2.2g

アジの栄養

　アジの美味しさは、たんぱく質と脂肪のバランスの良さです。適度な脂肪にうま味の素となるイノシン酸をはじめとする様々なアミノ酸がたっぷり含まれています。

　アジに含まれる栄養素のうち、とくに注目したいのが不飽和脂肪酸のEPAとDHAです。このうちEPAには血中のコレステロールの上昇を抑え、血液の流れを良くする働きがあり、同じくアジに含まれるタウリン（コレステロールの上昇を抑えるアミノ酸の一種）との相乗効果で血圧を下げる効果を発揮します。アジには、余分な塩分を体の外に排出するカリウムも含まれていますので、血圧が気になる方にもお勧めです。アジに含まれる栄養素により動脈硬化予防、肝機能強化、眼精疲労緩和に期待が持てます。

　また、DHAにはコレステロールを低下させると共に、脳細胞の働きを活性化する効果があり、認知症の予防にも期待できる栄養素です。

　EPA、DHAは脂に含まれますから、煮る、漬けるなど脂ごととることができる調理法がお勧めです。俗に「脂ののった」という表現がありますが、魚の脂は体に良い成分を豊富に含みます。健康のためにEPAやDHAなどの不飽和脂肪酸の多い新鮮な青魚をたっぷりとると良いでしょう。

　小アジなら丸ごと揚げて、骨まで食べればカルシウム補給にもなり、骨粗鬆症の予防にもつながります。

関東学院大学　人間環境学部
健康栄養学科　松野　祐希

アジのハンバーグ

メニュー
- ごはん
- アジのハンバーグ
- アボカドきゅうりトマトのサラダ
- 大根とわかめの味噌汁

栄養価
エネルギー 488kcal
炭水化物69.0g
たんぱく質23.0g
脂質12.0g
食塩相当量3.0g

アジのハンバーグ

　アジに含まれているEPAには高い血小板凝集抑制効果があるため、心筋梗塞や虚血性心疾患など生活習慣病予防の効果があるとされている。EPAは善玉（HDL）コレステロールを増やし、悪玉（LDL）コレステロールや中性脂肪を減らす働きもあり血液をサラサラにしてくれるため高血圧の予防や改善に効果的である。

　また、アジに含まれるタウリンには胆汁の分泌を促進し、コレステロール値を下げる効果がある。アジには、DHAやEPA、タウリンが豊富に含まれているため、生活習慣病を予防・改善する効果がある。

アボカドきゅうりトマトのサラダ

　アボカドはビタミンEを筆頭としたビタミン類やカリウム、マグネシウムなどのミネラルを含み、食物繊維も豊富である。脂質が多いが、不飽和脂肪酸を多く含むためコレステロールや肥満の心配が少ない点が特徴である。栄養補給・強壮や健康維持に非常に有用である。

　不飽和脂肪酸は体内の悪玉（LDL）コレステロールを低下させる働きがあり動脈硬化・心臓病・高血圧の予防につながる。また、カリウムの働きは、体内の余剰ナトリウムの排出促進という点でも高血圧予防につながり、抗酸化以外でも生活習慣病予防に役立つ。カリウムの利尿効果と抗酸化作用などによる血液サラサラ効果、ビタミンEによる血流改善効果などからむくみの解消・血行不良や冷え性の改善にも効果が期待できる。

関東学院大学　人間環境学部
健康栄養学科　新井菜都美

出版に寄せて

　「横須賀佐島　魚行商のおかみさんレシピ」誕生のきっかけは、地域の話題を伝える「街ネタ」の取材でした。横須賀支社に赴任した2013年夏、私は刊行されたばかりの「新横須賀市史・別編民俗」の紹介記事を書くために同書を読み、佐島に一軒だけ、魚の行商が残っていることを知りました。

　スーパー、コンビニ、さらにはインターネット通販の台頭と、流通業をめぐる環境の変化が著しい中、「昔ながらの行商が、よく残っているな」と思い、商いの様子を見たくなりました。しかし、行商なので店舗はなく、電話番号案内にも登録されていません。インターネットで検索してもヒットしません。赴任直後に挨拶した漁協の幹部を介して電話で話すことができ、取材の機会を得ました。

　行商に同行し、驚きました。10年以上の常連が大半で、親から子、姑から嫁へと引き継がれているケースも珍しくありません。行く先々で会話に花が咲き、互いの体調などを思いやっています。利便性や効率を追求するあまり、現代社会が忘れかけている何かが、見えた気がしました。

　魚に関しては、顧客や家族の好みを把握し、魚種に加えて脂の乗り具合や季節に応じたノウハウを伝えています。このアドバイスを巡るやりとりがとても楽しげで、本紙でレシピを執筆してほしいと依頼しました。連載は2014年6月から地区版でスタート。開始早々から想像以上の反響が寄せられ、書籍として残したいと思いました。

　次ページから掲載されている「貫く　佐島に残る魚行商」は、最初の同行取材の際にまとめた記事で、118ページからの文章は「おかみさんレシピ」の好評を受け、三浦半島に残る行商や移動販売をテーマに展開した特集の一環です。福本さん一家の商いがなぜ支持され、今ではほとんど姿を消した行商として生き残っているのか。その理由を伝えたいと思い、執筆した記事たちです。

　　　　　　　　　　　　神奈川新聞社　渋谷文彦

貫く

てんびん棒の時代から

佐島に残る魚行商〈上〉

「私はアンコウください。この間の本当においしかった」「ねえ、おいしかったあ」。昼前の葉山町長柄。住宅街の一角に女性たちの声が弾む。

横須賀市の佐島漁港で水揚げされたばかりの魚介類を積み、軽トラックで訪れたのは福本忠さん(60)と育代さん(70)の夫妻(三浦市初声町和田在住)。今ではほとんど姿を消し、佐島でも唯一となった水産物の行商だ。

忠さんは3代目で、屋号は「マルセ」。1930年ごろに行商を始めた初代の祖父はてんびん棒を担ぎ、佐島の周辺や葉山などへ海の幸を運んだ。2代目の父は、14歳になった35年から自転車で行商を開始。東京オリンピック(64年)の少し前にオート三輪を購入し、20年前に他界するまで伝統的な商いを続けた。

現在は、夫妻と息子の真昭さん(39)の3人で家業を切り盛りしている。夫妻が逗子、葉山、横須賀、三浦の一般家庭を回り、真昭さんは料理店向けといった具合に役割を分担している。

魚の仕入れは、忠さんが生まれ育った佐島で行っている。漁港の魚市場で入札の権利を持つ仲買人でもあり、水揚げ直後の魚介類を買い付

けているが、仕入れのさなかにマルセの魚を求め、市場にやって来る人もいる。

　横須賀市根岸町在住で、釣りと魚料理が趣味の片岡章さん(73)もその一人。葉山町一色の料理店のオーナーから紹介され、もう10年以上も通っている。「信用を大事にして、誠実な仕事をしている。佐島で一番いい魚屋だと思うとオーナーに紹介されたけど、神奈川で一番かもしれない」と、週に2回ほどのペースで足を運んでいる。

　行商では、「子どもたちがあさって来るので、塩焼きやムニエルにできる魚を持ってきて」といった要望に応えたり、さまざまな調理方法を伝えたりしている。真夏に体調が悪くなって道にしゃがみ込んでいた高齢の女性を軽トラに乗せ、自宅に送り届けたこともある。

　新鮮で安心な魚を求める消費者の志向などにも支えられ、商いは現在軌道に乗っているが、先行きを悲観するような局面もあった。

　二十数年前、商圏にスーパーマーケットが相次いで進出。マルセの売り上げも、減少していた。

2014年2月4日付神奈川新聞横須賀版

水揚げされたばかりの魚を仕入れ、行商に向かう直前の福本忠さん(右)、育代さん(中央)夫妻と息子の真昭さん(左)＝横須賀市・佐島漁港

貫く

原点は客との触れ合い

佐島に残る魚行商〈下〉

横須賀市の佐島に唯一残る海産物行商「マルセ」の商圏に相次いでスーパーマーケットが進出してきた二十数年前。売り上げは落ち、昭和初期から引き継いできた家業の先行きが不安になっていた。

スーパーの鮮魚売り場を見に行ったり、行商先の顧客がスーパーで買ってきた魚を見せてもらったりした。

新規の顧客を開拓しようと、スピーカーを買って車に積み込んだ。マイク越しにマンション住民へのアプローチを試みたが、反応は芳しくなく、苦情を言われることもあった。

しかし、ほどなく顧客は戻ってきた。「何代もやってきた信用は違った。魚も全然違った。『三浦ダイコンが食べたいけど、重いから持ってきて』といったお客さんからの頼まれごとをこなしてきたことも大きかった」(現当主、3代目の福本忠さん)

顧客の数も、親から子、姑から嫁の代へと引き継がれたり、口コミで広がっていったりと順調に推移。行商ゆえに回れるエリアや軒数が限定されているため、新規の依頼があっても、半

三崎朝市で客とやりとりをする4代目の福本真昭さん（中央）と、3代目の忠さん（左から2人目）と育代さん（左）の夫妻＝三浦市三崎

年待ってもらうこともあるという。

　10年近く前からは、三崎港の間近で毎週日曜の早朝に開かれている三崎朝市にも出店。当初は振るわなかったが、今では全体の2割にあたる規模の売り上げを得るまでになった。朝市では、4代目となる真昭さんの娘2人も手伝っている。

　「伝統的な仕事を続けるには、どこかに筋を通さないといけない。うちの場合は佐島の魚にこだわることだと思う」とは、忠さんの妻育代さん。顧客とのやりとりが何より楽しいと言い、「これからの商売は原点に戻る。原点とは、お客さんとの触れ合いだと思う」。

　海上自衛官から転身した真昭さんは「魚を売っているんじゃなく、自分を理解してもらうというコンセプトでやっている。お客さんと触れ合い、冗談を言い合ったりしながら。毎日、すごく楽しい」と語る。

　今、流通業界を取り巻く環境の変化は激しい。二十数年前におびえたスーパー進出だけではない。ネット通販の台頭など盛衰は著しいが、マルセは今日も市井を回って人々と向き合い、てんびん棒の時代からの触れ合いを続けている。

　　　　　2014年2月5日付神奈川新聞横須賀版

佐島「マルセ」

地域との絆　守り続けて

商売の原点、行商。かつては全国各地にさまざまな品物を届け、市井の暮らしに欠かせぬ存在だったが、モータリゼーションの発達や量販店の進出などに伴い、ほとんど姿を消してしまった。だが、海の幸に恵まれる三浦半島では、消費者の心をつかみ、伝統的な商いを続けている人たちがわずかながら残っている。根強い支持の理由を知りたくて、彼らの後ろを歩いた。

「こうやって話すのが楽しくて。1週間に1回の元気のもとです」

冷たい雨が降る昨年12月中旬、逗子市桜山の住宅地。横須賀市の佐島漁港で水揚げされた海産物を載せた軽トラックがやって来ると、強雨の中でも人々が集まり、会話に花を咲かせる。

話題の中心にいるのが、三浦市初声町和田在住の福本忠さん(61)と育代さん(70)の夫妻。今ではほとんど姿を消し、佐島で唯一となった水産物の行商だ。

冒頭の発言をした女性(61)は以前から行商の来訪は知っていたが、働きに出ていたので買えなかった。退職をした昨春から常連に。「本当においしいお魚ばっかり。お魚も出会いも、とてもいいですよ」と、傘を差しながら自宅に戻った。

忠さんは3代目で、初代の祖父が行商を始めたのは1930(昭和5)年ごろ。太平洋戦争、敗戦後の混乱期、高度経済成長といった激動の時代に、てんびん棒、自転車、オート三輪、軽トラと運搬手段を変えながら、「マルセ」の屋号

で海の幸を届けてきた。

　商圏にスーパーマーケットが相次いで進出して売り上げが落ち、先行きを悲観するような時期もあったが、ほどなく顧客は戻ってきた。現在は夫妻が逗子、葉山、横須賀、三浦の一般家庭を回り、息子の真昭さん（40）は料理店向けと役割分担をしている。

　乗用車の普及やネット通販の台頭など、消費を取り巻く変化が続く中、昔ながらの商いが支持される理由は何なのか。

　「おいしいし、親切。知人がアジの干物を持って行きたいというので頼んでおいたら、漁がなくて売り物がない日なのに、わざわざ届けてくれたこともあった」（葉山町、83歳女性）。「うそを言わない。『これいつの』と尋ねると、『昨日のだから、やめときな』とか。まずは人柄、それから品物の良さ。料理も教えてくれる」（逗子市、64歳女性）

　親から子、姑から嫁の代へと引き継がれている顧客も少なくない。「義母と（マルセの）先代か

朝市を手伝う孫娘の倖子さん（左）と、福本さん夫妻（奥）、息子の真昭さん（左から2人目）。「家族が協力してやっているのか好き」という常連客もいる＝三浦市三崎

らで、50年ぐらいのお付き合い。病気をしたら、お互いに心配したり。元気でやってくれないと困る」（葉山町、71歳女性）。軽トラについて回ると、商売を超えた絆や、行商を介した地域の輪が、見えるような気がする。

　10年ほど前からは、三崎港の間近で毎週日曜の早朝に開かれる三崎朝市にも出店。真昭さんの娘2人が手伝うこともある。

　アジの干物の逸話を語った女性は、こう締めくくった。「一番好きなのは、夫婦で仲良くやっていること。家族で協力してやっているのが、好きだわ」

　　　　2015年1月1日付神奈川新聞地域特集

あとがき

　私は15年前に心臓病になって手術をし、現在、体の中には医療用機器が2台入っています。病院の先生をはじめ、スタッフの皆様に手厚い看護をして頂いたおかげで、私は現在も仕事をしています。

　その時に分かったことは、私は血管や血液がきれいだったため、命拾いしたということでした。元気になったら、皆さんがなるべく病気をせずに長生きをし、楽しい人生を送れるよう、仕事ができればと願うようになりました。

　その願いが叶い、魚料理を簡単に楽しくできるレシピを紹介できることになりました。その上、関東学院大学栄養学部の皆さんも栄養成分や健康への効果を執筆してくださり、素晴らしい本が出来上がりました。

　レシピの執筆にあたっては、神奈川新聞社の皆様、佐島の市場の方々、私どものお客様や親しい友人など、多くの方々の助けを頂きました。この本が参考になり、楽しく料理をして頂ければ、何よりも嬉しいです。

福本　育代

福本育代

昭和19年生まれ。横須賀市出身、三浦市在住。佐島で唯一となった水産物の行商「マルセ」のおかみさん。3代目の夫・忠さんと逗子、葉山、横須賀、三浦の一般家庭を回って海の幸を運ぶ。毎週日曜は三崎の朝市にも出店。常連客に伝授する簡単レシピが評判を呼び、さまざまなアイデア料理を考案。初代が担いだてんびん棒の時代から、お客さんとの触れ合いを求め、今日も軽トラは走る！

協　力　関東学院大学

横須賀佐島　魚行商のおかみさんレシピ

2017年9月吉日　　第4刷発行

著　者　福本　育代
発　行　神奈川新聞社
　　　　〒231-8445　横浜市中区太田町2-23
　　　　TEL 045-227-0850（出版メディア部）
　　　　http://www.kanaloco.jp/

©IKUYO FUKUMOTO 2017 Printed in Japan
ISBN978-4-87645-568-3 C0077

●落丁・乱丁はお取り替えいたします。●定価は表紙に表示してあります。

本書のコピー・スキャン・デジタル化等の無断複製は著作権法上での例外を除き禁じられています。本書を代行業者等の第三者に依頼してスキャンやデジタル化することは、たとえ個人や家庭内の利用であっても著作権法上は認められておりません。